はじめに

◯◯をすれば、運が良くなる！
××をすれば、人生がうまくいく！

——そんなノウハウやテクニックが、雑誌やネット上にあふれかえっていますよね。
この本をお読みの方のなかにも、何かしら試してみたという人も多いのではないでしょうか。
実際そうすることで、運気が少しずつ上がってきたという方もいると思います。

でも、願いが叶わない、運気が上がってこない、そこで書かれているような「爆発的ないいこと」なんて起こらない……という人のほうがきっと多いでしょうね。

でも、私は断言します！

運は良くなる！

人生がうまくいく方法は必ずある！

と。

「運が良くなりたい」と思う気持ちのウラには、
「人生、思い通りに生きてみたい」
という願望がひそんでいます。
実際そうなれば、生きていてこんなに楽しいことはないのですが、多くの人は、あきらめの気持ちが先にたつことと思います。

しかし、脳科学や心理学、物理学などを研究する超一流の学者のなかには、

「自分の人生を思い通りにつくり上げることは可能だ」という人が多くいます。量子力学の分野でも、そのメカニズムが解明されつつあります。

そのことから、「思い通りに生きる」ことは可能であることがわかりますね。

思い通りに生きるために、今まで必死で努力をしてきた、一生懸命がんばってきた、でも、その苦労が報われることはなかった……。

人生がうまくいってないという人は、これまでそういうことのくり返しだったのではないでしょうか。

思い通りに生きるためには、たしかに努力をすることも重要です。

でも、それだけでは足りません。

運を良くすること――これがないと、人生はうまく回っていきません。

私はかれこれ30年以上にわたり、運について研究し続けてきました。

まだ少女だった頃、「なぜ私にだけ不運な出来事がたびたび起きるんだろう?」と思ったのがきっかけです。

自分や家族、友人、知人、芸能人、プロスポーツ選手、政治家などの生年月日を、運命統計学の観点から徹底的に分析しました。

その過程で気づいたことや明らかになったことを少しずつ実践していくうちに、運気がどんどん上がっていき、人生が好転していったのです。

今では、

人生は、自分の思い通りにつくり上げることができる！

ということを確信しています。

本書は、かつての私のように、

・運が良くなりたい
・幸せになりたい
・願いを実現したい
・好きなことをして生きていきたい
・豊かになりたい
・自分を変えたい

と感じている方に向けて書きました。

最初は半信半疑かもしれません。
運という目に見えないものを扱っているから当然のことです。
でも、本に書いてあることを実践していくうち、少しずつ運気がアップしていくことが実感できると思います。

人間関係や仕事、恋愛、お金について、「なんで自分だけうまくいかないんだろう」

と思っていた人も、

「不思議な縁で素晴らしい人に出逢うことができた」

「素敵な彼氏ができた」

「夫が大切にしてくれるようになった」

「念願のマンションを格安で手に入れることができた」

というぐあいに、人生が好転しはじめることでしょう。


この本を手にとったあなたは、今「幸運」への扉を開けつつあるところです。

私がしっかりナビゲートしますので、最後まで付いてきてくださいね。

川相ルミ

平成三十一年　弥生

目次

第2章 なぜ「運の貯金」を使えないのか？

第3章

第4章

地運を味方にする …… 137

第5章

人運を味方にする …… 149

■デザイン・DTP／ISSHIKI（デジカル）
■本文イラスト／
◎イラストレーター　造船圭子
アメブロ　マンガでわかる宇宙の法則
https://ameblo.jp/ehon-de-shiawase-seikatu
◎UMI講師　田村奈美
アメブロ　思い通りの人生をどんどん叶える方法
https://ameblo.jp/moepaipai/

第1章

「運がいい」って何？

良いことは、必然的に起きている

あなたが「運がいい」と感じるのはどんなときですか？

- **出かけた先で、偶然欲しかったものを手に入れることができたとき**
- **倍率の高い抽せんに当せんしたとき**
- **実力以上の結果や評価を得たとき**
- **テスト勉強をろくにしなかったのに、知っている問題ばかりが出て高得点をとったとき**

……などといったことを挙げるのではないでしょうか。

これらはいずれも、頭で予測できたり計算できたりする範囲を超えた、うれしいことです。

そして、**「自分の力とは関係なく、偶然・たまたま起きた出来事」**でもあります。

でも実は、**これらは必然的に起きている**のです。

自分自身に起きる出来事はすべて、自分が生み出したエネルギーが形(現実)となっているということ。つまり、あなたがどこかの時点で、うまくいくような「働きかけ」を自分自身でしているのですね。

しかし、その働きかけをいつしたのか、あなたは覚えていない。でも、無意識のうちにしている。その結果、「運がいい!」と感じる出来事が起きているのです。

逆に、不運と感じることも同じしくみによって起きています。あなたが無意識のうちに、そうなるような働きかけをしているのですね。

POINT

人は無意識のうちに、運が良くなる・悪くなる働きかけをしている

運をコントロールすることはできない？

あなたは、「頭で考えるだけで操作できるリモコン」があることをご存じでしょうか。「思い」から発せられる振動を磁気波で読み取り、それをリモコンの操作に転換できる装置が開発されているのですね。

ここからわかることとは、人の「思い」はエネルギーという形を伴っているということ。感情も意識も、もちろん肉体からも、私たちは24時間エネルギーを発しているのです。

人間は、行動のうち、約97％は無意識で行動をしているといわれています。
また人間は、1日に約6万回思考していて、その大半は無意識のうちにしているといいます。

そう、私たちは24時間エネルギーを発しているのですが、大半が無意識・無自覚のうちに発しているのです。

意識していようが、無意識でいようが、エネルギーが自分から出ていることは同じです。しかし、意識はコントロールできますが、無意識はコントロールできません。頭のなかで「ああしよう」「こうしよう」と考えていることは、言葉にして意識することはできますが、無意識は言葉になっていないため、いつの間にか現れ、いつの間にか消えていくだけです。

前の項で、「人は無意識のうちに、運が良くなる・悪くなる働きかけをしている」という話をしましたが、その働きかけが意識的にできない、つまり、運を思い通りに操れないのは、人の意識の97％が言葉にならないモヤモヤしたもので占められているからなのですね。

「結局運をコントロールすることなんてできないんだ……」

そう思って本を閉じようとしているあなた、まだ早いです！

運をコントロールする方法はあります。
その方法を、本書のなかで明らかにしていきますね。

POINT

運をコントロールできないのは、無意識の時間が多すぎるから

感情のエネルギー

ここで、私たちが発しているエネルギーについて、もう少しくわしく考えてみましょう。

私たちが毎日飲んでいるお水を例にとって説明します。

水を化学式で表すと、H_2Oになるということは、みなさん学校で習いましたよね。化学の授業なんて大キライだった、という人も、これくらいは覚えているかと思います。

では、Hは水素原子、Oは酸素原子であることを覚えていますか？　水は、水素分子2個と酸素分子1個とがくっついてできているのでした。

このように、原子がある一定数くっつくと、物質（水）としての性質になるのですが、単体だと物質としての性質を示しません。

ここで、感情のエネルギー＝原子、物質＝起こる出来事（現象）と考えてみてください。

そして、「喜び」という原子を元素記号のようにY、「楽しい」という原子を同じくTで表してみましょう。

その他の感情の原子は、次のように表してみます。

喜び→Y　楽しい→T　ワクワク→W　安心→As　感動→Kd
怒り→I　哀しみ→Kn　不安→F　焦り→A　イライラ→Ir

書き出すときりがないので、これくらいでやめますが、私たちはこのような感情の原子を、自分のなかから外に向かって常に発しています。

図にすると、左ページのようなイメージです。

この感情の原子、言い換えれば感情のエネルギーは、**自分のつくり出したエネルギーなので、自由に現実化することができます。**

今、さらっと書きましたけど、ここはとても重要なので、しっかり覚えておいてく

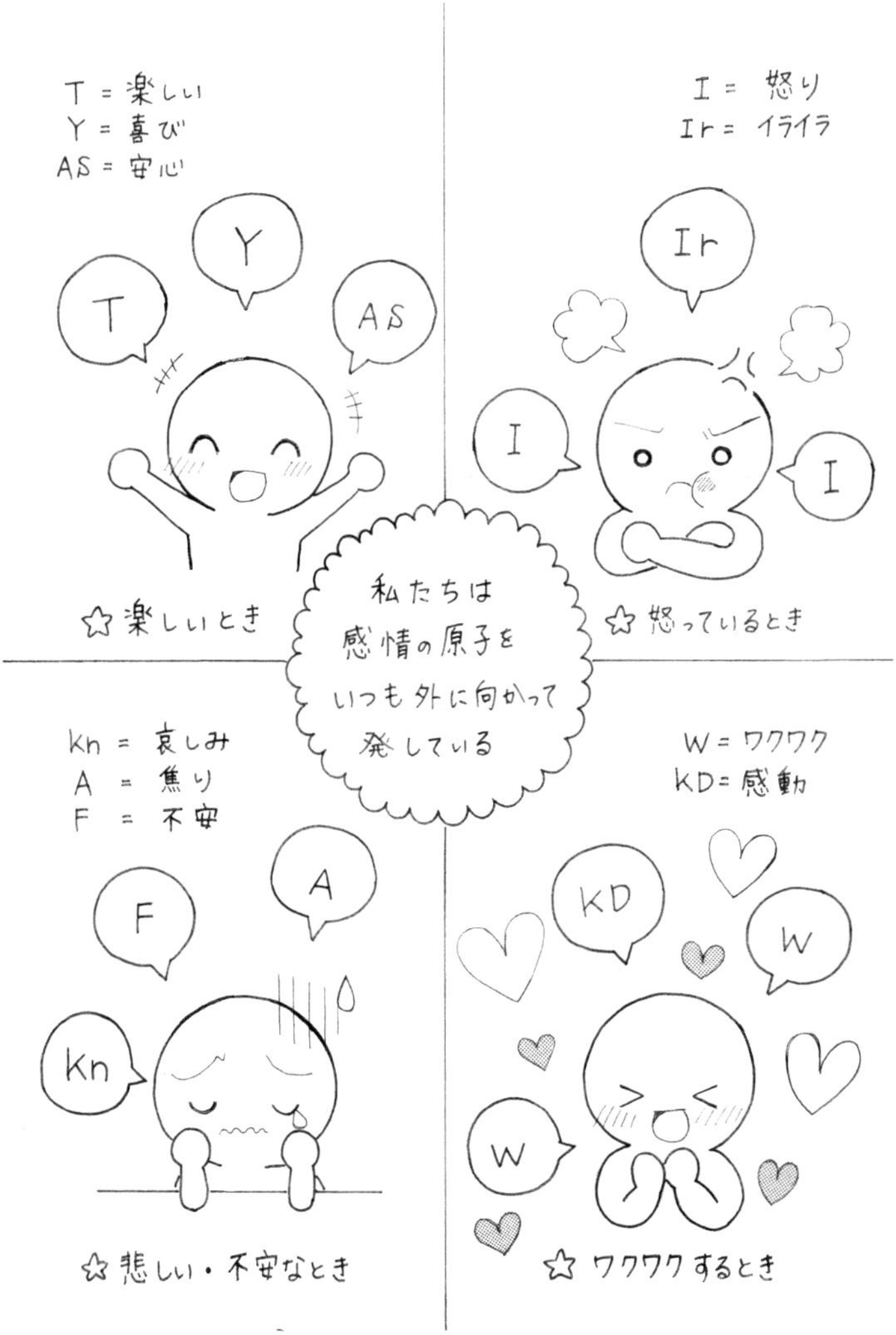
T = 楽しい
Y = 喜び
AS = 安心
T
Y
AS
☆楽しいとき
I = 怒り
Ir = イライラ
Ir
I
I
☆怒っているとき
私たちは
感情の原子を
いつも外に向かって
発している
Kn = 哀しみ
A = 焦り
F = 不安
F
A
Kn
☆悲しい・不安なとき
W = ワクワク
KD = 感動
KD
W
W
☆ワクワクするとき

イラスト・造船圭子

ださいね。

ただ、感情のエネルギーは原子と同じで、単体では現実化できません。色々な感情のエネルギーどうしがくっつくことによって現実化できるのです。

その色々な感情のエネルギーとは、自分の感情のエネルギーだけでなく、他の人の感情のエネルギーも含みます。これらが一緒にくっついて、現実化へと向かうわけです。

POINT

人は感情の原子をいつも外に向かって発している

影響のエネルギー

自分の感情のエネルギーと他の人の感情のエネルギーがくっついて現実化へと向かう？

——といわれても、きっと多くの人の頭のなかに「？」がたくさん浮かんできたと思います。

もう少し具体的に説明しましょう。

たとえば私がユーチューブでとても楽しい動画を見つけ、それをフェイスブックでシェアしたとします。

感情を原子のように置き換えて考えてみると、私が動画を見て楽しい↓T×1がまずつくり出されています。

そして私がフェイスブックでシェアした（自分の行動）動画を、21人の人が見たとします。

その21人のなかで、

10人が楽しんだ↓T×10
5人がワクワクした↓W×5
3人が喜んだ↓Y×3
3人の人がイライラした↓Ir×3

という反応がありました。

言い換えれば、私の行動によって、T×10個　W×5個　Y×3個　Ir×3個のエネルギーをつくり出したことになるわけです（化学式のように表すと、T10W5Y3Ir3）。

この、自分の反応や自分の言動が他の人に与えた影響のエネルギー、つまり、自分が他人に与えた影響のエネルギーは、次に説明する**「与えたものは返ってくる」の法則**で、自分のものとなります。

POINT

自分が発したエネルギーは、他人に影響を与えて自分に戻ってくる

「与えたものは返ってくる」の法則

前項でお話ししたように、自分が他者に与えた影響のエネルギーは、やがて自分に返ってきます。これを「与えたものは返ってくる」の法則と呼びます。

これは、たとえば、

- **あなたがAさんに、「感謝しています」と言ったら、Aさん、もしくは他の誰かに「感謝していますと」と言ってもらえる**
- **あなたがBさんに電車で席を譲ったら、Bさん、もしくは他の誰かに、席を譲ってもらえる**

ということではありません。

「感謝してもらえる」「席を譲られる」はともに行動です。

あなたに返ってくるのは、「行動」ではありません。

あくまで「エネルギー」が返ってきます。

どういうことかというと……。

Aさんは、あなたに「感謝しています」と言われて

ちょっとだけうれしかった【喜び（小）】
かなりうれしかった【喜び（大）】
うれしいけど恥ずかしかった【喜び＋恥ずかしさ】
バカにされたような気がした【劣等感】
（社交辞令のように聞こえて）不愉快だった【不愉快】

Bさんは、あなたに電車で席を譲ってもらって

（座りたかったから）うれしかった【喜び】
うれしいと同時に申し訳ないと思った【喜び＋罪悪感】

（年寄り扱いされて）情けなかった【情けなさ】

このように、あなたがAさんやBさんに与えたことが、相手から「喜び（小）」とか「不愉快」といった感情のエネルギーとなって返ってくるのです。

この場合、あなたがAさんやBさんに与えたのは、「『感謝しています』と伝える」「電車で席を譲る」という行動でしたが、「楽しい」「うれしい」といった感情でも同じです。行動も感情もエネルギーとなって、相手に伝わるのです。

相手から返ってくるエネルギーは、与えた相手から直接の場合もあるし、別の人を介して返ってくることもあります。

話をまとめると、あなたが感情や行動を与えると、相手から行動ではなく、感情のエネルギーが返ってくる、これが「与えたものは返ってくる」の法則です。

POINT

相手から返ってくるのは、感情のエネルギー

運の貯金

先に、あなたがユーチューブで見つけた面白い動画をフェイスブックでシェアしたら、それを見た21人のそれぞれの反応によって、T10W5Y3Ir3のエネルギーがつくり出されたというお話をしました。

このエネルギーは、「与えたものは返ってくる」の法則で、あなたにも返ってきます。

そして、この

T10W5Y3Ir3

に、

もともとの私のエネルギー

T1

を加えた感情のエネルギーを合計すると、

T11W5Y3Ir3

になります。

T10W5Y3Ir3＋T1＝T11W5Y3Ir3

になるということですね。

これを公式のように表すと、

自分の発したエネルギー＋他人に与えた影響のエネルギー（自分に返ってきたエネルギー）

となります。

そして、T11W5Y3Ir3のようなエネルギーは、宇宙にどんどん貯金されていきます。ふだんの生活のなかで、同じようにやりとりされるエネルギーが、宇宙にどんどん貯《た》まっていきます。

この宇宙貯金が、「運の貯金」と呼ばれるものなのです。

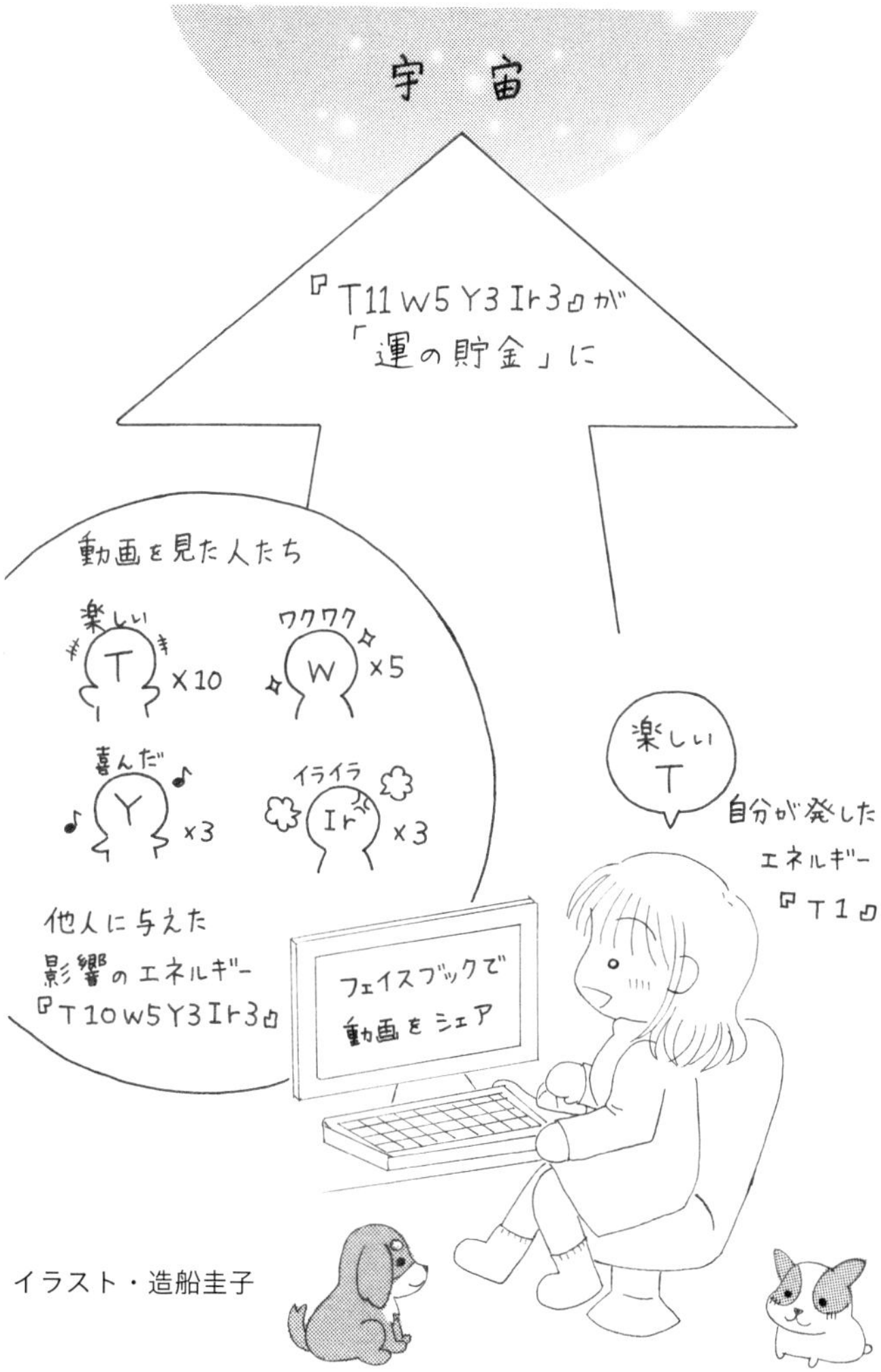
宇宙
『T11W5Y3Ir3』が
「運の貯金」に
動画を見た人たち
楽しい
T
×10
ワクワク
W
×5
喜んだ
Y
×3
イライラ
Ir
×3
他人に与えた
影響のエネルギー
『T10W5Y3Ir3』
フェイスブックで
動画をシェア
楽しい
T
自分が発した
エネルギー
『T1』

イラスト・造船圭子

この「運の貯金」ですが、貯金と名前がついているくらいなので、宇宙からおろして「使う」ことができます。「使う」というのは、具体的な現象、つまり現実の出来事にすることです。

POINT

エネルギーのやりとりが貯まり、「運の貯金」になる

「運の貯金」はこうして使う

「運の貯金」という言葉を初めて目にする方は、再び頭のなかに「？」がたくさん浮かんできたかと思います。

後でくわしくお話ししますが、実はこれが「運」の良し悪《あ》しに大きく関わってくるのです。

お金の貯金が、使わずに貯めているだけでは活かされないのと同じで、「運の貯金」も使わないと意味がありません。

先ほどのユーチューブ動画のところで、あなたのなかに、T11W5Y3Ir3の「運の貯金」が貯まったというお話をしました。

これを宇宙からおろして使うには、あなたの意思決定が必要です。

意思決定とは、あなたが、

「～したいと考える・願う」

「～になったらいいと考える・願う」

ということです。

たとえば、あなたが今、

「なんだか歌いたい気分だな～。誰かと一緒にカラオケボックスに行きたいな」

という気持ちでいるとします。


このときあなたは、前項でお話ししたように、

［私の感情］T1
［フェイスブックの反応］T10W5Y3Ir3

［私の感情］＋［フェイスブックの反応］＝T11W5Y3Ir3

の「運の貯金」が貯まっている状態です。

結構ワクワクして、すごく楽しくて、少し喜べて、でもちょっとイラッとする状態ですね。

この「運の貯金」が、あなたの願い、すなわち「なんだか歌いたい気分だな〜。誰かと一緒にカラオケボックスに行きたいな」ということに使われると、

偶然友だちから誘いのメールが入って、カラオケに行って楽しんだ。好きな曲を歌って、ワクワクしてうれしかった。けど、ちょっとイラッとする出来事も起きた

といった現実の出来事になるのです。

「運の貯金」は、願いのすべてに使われるわけではありません。

たとえば、あなたが「気になるあの人と、お付き合いしたい」と願っている場合、少しずつ仲良くなりたい、と思っているなら、T11W5Y3lr3のなかから、

T2W5（少し楽しい、とてもワクワクする）だけを使って、「気になるあの人と少しだけ話せる機会ができた」といった現実を起こすこともできるのです。
こういうぐあいに、少しずつ願いを現実化することも可能なのです。

そんなバカな、と思われるかもしれませんが、自分の身に起きる出来事や身近な人に起きる出来事をよーく調べてみると、「願っていると、その願いが現実化する」ことは、ここで述べたことがあながちバカげた話ではないことの証拠として、実感していただけるはずです。

POINT

感情の現実化には、意思決定が必要

運の貯金
［私の感情］＋［フェイスブックの反応］
『T11 W5 Y3 Ir3』
『T2W5』だけ使い
現実化
意思決定
こんにちは
気になる彼と
話したいな
話しかけて
くれた

イラスト・造船圭子

プラス貯金とマイナス貯金

ここで運の正体についての話に戻ります。

勘のいい方なら、すでにお気づきでしょうが、この「運の貯金」こそが運の正体なのです。そして、「運の貯金」を必要に応じて使うことが、「運をコントロールする」ことなのです。

ところで、「運の貯金」には、「プラスの貯金」と「マイナスの貯金」があります。

先ほど、T10W5Y3Ir3の貯金の話をしましたが、そのなかで、T（楽しい）、W（ワクワクする）、Y（喜ぶ）という感情エネルギーは、どれも「快」の（プラスの）感情です。

28ページで触れた、「与えたものは返ってくる」の法則でいくと、私が「快」の感情エネルギーを外に向かって出すと、いつか、自分にとって「快」の（プラスな）出来事として返ってくるということになりますよね。

ただ、出しただけでまだ形（出来事）になっていませんから、プラスの出来事の元（エネルギー）として待機している状態です。

この状態を私は、プラス貯金（運）と表現しています。

そして、運の正体である「運の貯金」のなかでも、**「プラス貯金」こそが、運の良さに関わってくる**のです。そして、プラス貯金の元となるのが、プラスのエネルギーなのです。

一方、Ir（イライラ）という感情エネルギーは、「不快」な（マイナスの）エネルギーです。ほかにも、怒りや恨み、罪悪感や劣等感、そして、同情や心配などの感情エネルギーも、これに当たります。

ただ、出しただけでまだ形（出来事）になっていない状態だとすると、マイナスな出来事の元の状態（エネルギーとして、待機している状態）ですね。

私はこの状態を、マイナス貯金と表現しています。そして、マイナス貯金の元となるのがマイナスのエネルギーなのです。

プラスエネルギーとマイナスエネルギーについては、50ページのコラムをお読みください。

POINT

プラス貯金が「運の良さ」につながる

「運がいい人」とは？

くり返しになりますが、「運の貯金」は、自分が意思決定をすることで使います（現実化する）。その過程で、プラスの貯金が使われ、自分にとってそうありたい現実が実現する、つまり願いも叶うというわけです。

そして、**運がいい人は、意思決定をどんどんすることで、プラス貯金をどんどん使い、願いを叶えているのです。**

そして、前にお話しした、「運が良くなる働きかけ」というのは、この「プラス貯金をどんどん使う」ということなのです。

私が長年運について研究してきたなかで気づいたことの一つが、**運のいい人は、意識的・無意識的にかかわらず、プラス貯金をひんぱんに使っていて、運に恵まれない人は、プラス貯金を使わずに貯め込んでいる**ということです。

さらにいうと、**プラス貯金をどんどん使う人は、使ったはしからプラス貯金がどん**

どん貯まってきます。

プラス貯金の良い循環ができるのですね。

「そんなことといっても、私はいくら意思決定をしてプラス貯金を使っていても、全然願いが叶わないいんですけど」

とおっしゃる方も多いと思います。

それには理由があって、簡単にいうと以下の4つのどれかが原因となっています。

①欲しいものが明確ではない
②頭では望んでいても、心が抵抗している
③望むものを手に入れる準備が整っていない（タイミングではない）
④願いを現実にするエネルギーの質量が足りていない

これらに当てはまっている状態のとき、願いを現実化することが難しくなっているわけです。

なかでも②は、あなたの心の奥深くに根ざしている問題なので深刻です。この問題を解決する方法は、次の章でお話しいたします。

POINT

運のいい人は、プラス貯金をどんどん使っている

マイナス貯金も貯まる？

ところで、自分が出した、または他人に不快を与えたエネルギーが返ってきた結果できたマイナス貯金はというと……大半の方が、実はあまり貯まっていません。多くの方が日々宇宙からおろして、しっかり使いこなしているのです。

どんなふうに使いこなしているかというと、

不快に感じる↓不快な出来事が起こる↓不快に感じる↓不快な出来事が起こる

……というサイクルをくり返し、消化しているのです。

ただ、このサイクルが続くということは、不快なことも続くわけですね。

その連鎖を断ち切るには、自分が出す感情エネルギーを意識的にプラスに変えてプラス貯金を貯めていき、それを意思決定の際にどんどん使うようにしていくことです。
これで、不快の循環は終わります。

POINT

感情エネルギーを意識してプラスに変える

プラス思考のデメリット

では、いつも良いことばかり考えていれば、プラス貯金ばかり増えていくのでしょうか？

今、ポジティブシンキングやプラス思考を実践している人で、実際に現実がうまく回っている人は、それを続けていけばよいかと思います。

ただ、自然に湧《わ》きあがってくるマイナスな思いや感情を無理して抑え込んだり、自分の気持ちを犠牲にして相手に不快を与えないようにすることはオススメできません。思いとは裏腹に、心のなかにマイナスエネルギーがどんどんたまっていき、それを解放してもらいたくて、たびたび不快な思いが頭に上がってくるようになるからです。

不安・不快な思い、イライラ・モヤモヤをたびたび感じる状況にある方は、それらを封じ込めるのではなく、認めてあげて健康的に解放することが大切ですね。

POINT

無理してマイナスの感情を抑え込まない

column

プラスエネルギーとマイナスエネルギー

宇宙は、日々膨張《ぼうちょう》(成長・進化)していると言われています。
ガスと塵《ちり》によって新しい星が生まれ、その星が寿命を迎えると、爆発してガスをまきちらし、そのガスによってまた新しい星が生まれるということを繰り返しながら。

地球の歴史を見ていくと、気温の変化、地盤の移動、宇宙から飛んできた隕石《いんせき》など、自然界の影響を受けながら、生物種は絶滅と再生をくりかえしています。

その過程で地球は成長し続けていくわけですが、それはまた、遠い未来に起こるであろう最後の時へ向かい続けているともいえるわけです。

大自然に生きる動物たちを見ても、生きるために、死を避けるために、力の限り戦うこと・逃げることを日々繰り返し、次の時代を生き抜く力のある遺伝子を残していく……。こうして自然淘汰《とうた》をくり返しながら、進化し続けているわけですよね。

宇宙では「創造」と「破壊」

地球の生物種では「絶滅」と「再生」

生物の個体では「生」と「死」

――このように「宇宙システム」は、2極の間で進化し続けていることがわかります。

そして私は、長年運命学に携《たずさ》わってきたり、人間を観察してきたなかで、人のエネルギーも2極あり、両者の間で成長していっているのではないかと思っています。

そう考えると、人生で起きる出来事のすべてが、点と点が線となってつながっていき、辻褄《つじつま》が合ってくるのです。

本書では、人の感覚・心・思いのエネルギーを、プラスエネルギー（快）とマイナスエネルギー（不快）の2極に分けて説明していきます。

それぞれ、

●プラスエネルギー：創造・再生・生・感動・快に属するエネルギー
●マイナスエネルギー：破壊・絶滅・死・絶望・不快に属するエネルギー

こう表現すると、プラスが良くてマイナスが悪いように見えてしまいますが、どちらが良くてどちらが悪いではなく、両方必要なものであり、すべての存在に両極備わっていて自然な形です。この2極をシンプルに考えられるようになると、運は自由自在に扱えるようになってきます。

宇宙のシステムから考えると、私たち人間もプラスエネルギーとマイナスエネルギーは半々の状態でいることが自然な形なわけですが、長年多くの方から悩みを伺うなかで、このバランスが崩れたときに問題が起こっていることがよくわかります。

たとえば、「毎日楽しくない」「生きている意味がわからない」「人生に満足できない」「やりたいことがあるのに、失敗するのが怖くてチャレンジできない」と感じたり、自由に自分のやりたいことをしている人を見て、嫉妬《しっと》を感じたり、自分が情けなくなったり、怒りが湧いたりという人。こういう人は、マイナスエネルギーに偏っているのですね。

では、なぜマイナスエネルギーに偏《かたよ》ってしまうのか。そこには、「ない」の記憶が大きく関わっています。このことについては、次の章でくわしくお話ししましょう。

column

「出したものは返ってくる」の法則

28ページでお話しした「与えたものは返ってくる」の法則は、誰かに与えた影響（反応）が、自分にも返ってくるという法則でした。

それに似たものに、「出したものは返ってくる」の法則があります。

これは、

自分が出したものが、他人への影響・反応にかかわらず、「自分が出したまま」の状態で返ってくる

ことをいいます。

たとえば、

・自分がイライラしていると、イライラするような出来事に遭遇《そうぐう》する

- **気を使っていると、気を使うようなことが起こる**
- **不安でいると、不安になるようなことに遭遇する。**
- **焦ると、さらに焦るようなことが起こる。**
- **うれしい・楽しい気持ちでいると、うれしい・楽しいことが起こる。**
- **自分の望むことをイメージしていると、それが現実になる。**

など、自分の感覚がそのまま現実の出来事となって返ってきているわけです。

これは、いわゆる「引き寄せの法則」といわれるものですが、私としては「引き寄せ」と表現するより、「出したものは返ってくる」と説明したほうが、「すべて自分が起こす出来事」ということが実感しやすいと感じています。

返ってきたエネルギーは、現象（形）になるまでは保留状態で、これが「運の貯金」となります。

「運の貯金」は、自分が望んだとき（意思決定）、形（現実）にするために使えるエネルギーの貯金。心のなかでただ誰かに感謝しているだけでも、「運の貯金」になっているということなのですね。

この「出したものは返ってくる」の法則は宇宙の法則の一つです。そのため、次に挙げる特徴があります。

- **人間のルールや常識・善悪・正誤で考えると、理解できない部分が多い**
- **頭が望んでいることと、心にあるイメージや喜びポイント、魂が求めていることが違う人が多い**
- **私たちは24時間（大半が無意識で）エネルギーを発し続けている**
- **私たちが発しているエネルギーは、他人だけではなく自分にも、また、ものや動植物、地球や宇宙へも影響を与え、それが自分に返ってきている**

自分が出したものが自分に返ってきて、それが「運の貯金」になるということは、「運の貯金」をつくるのは結局自分ということになります。

だから、なるべくプラスのもの（プラスのエネルギー）を出すようにしたいものですね。

第2章

なぜ「運の貯金」を使えないのか？

「ない」の記憶

前章で、運がいい人はプラス貯金を貯め込まずにどんどん使っているというお話をしました。

しかし、人の心のなかには、プラス貯金を使うことを無意識にためらわせるようなものがひそんでいます。

「ない」の記憶です。

これが、「運の貯金」を使う上で大きなブロックになっているのですね。

「ない」の記憶は、潜在意識と顕在意識の両方にまたがる「心A」の部分に存在します（左ページの図）。

潜在意識とは、簡単にいうと、人の意識のなかで「自覚されない」領域、顕在意識とは、「自覚される」領域のことです。

私たちは起きている間、顕在意識をフルに使って仕事をしたり日常生活を送ったり

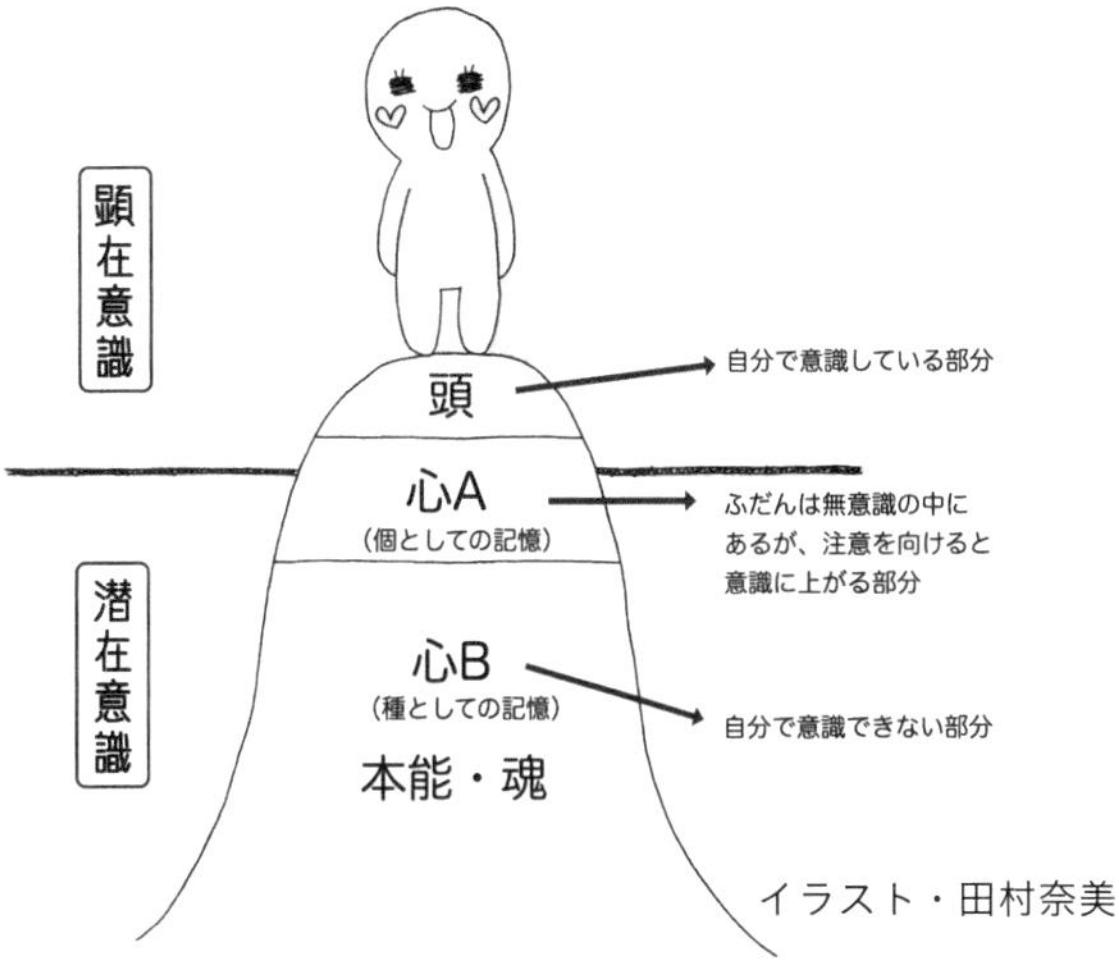

していわけですが、その向こうには巨大な潜在意識、言い換えれば無意識の領域があるのですね。
そして、私たちの人生に大きく影響しているのが、潜在意識と顕在意識の両方にまたがる「心A」（個のデータ）の部分になるわけです。

ここが、人間と他の動物を比べて、圧倒的に違いがある部分です。問題を解決する能力や、新しいものをつくり出す知恵などがここにあります。心Bは本能なので、動物にも存在します。
ただ諸刃《もろは》の剣《つるぎ》で、人間の強みとして備わっているこの部分こそが、逆に弱点にもなることもあるのです。

思い通りの人生を送れていない、常に不満を抱えている、不運なことばかり起こる……このような状況にある人は、心Aにひそむ「ない」の記憶が影響している可能性があるのです。

POINT

思い通りの人生を送れていない人は、「ない」の記憶が影響している

思いや願いが叶うプロセス

「ない」の記憶についてお話しする前に、ちょっとむずかしい話になりますが、私たちの思いや願いが実現するプロセスについて、ご説明しましょう。

それは、次のような順番になります。

魂の目的
←　伝達
心B（本能データ＝本能の記憶データ）
←　伝達
心A（個のデータ＝頭を通した個としての記憶データ）
←　伝達
頭で判断・選択決定
←

行動

このなかの第一関門が、「魂の目的」です。

あなたの思いや願いが、この「魂の目的」に叶っていないと、言い換えれば、魂の許可がおりないと、どれだけ強く願っても、心に強いイメージがあっても、思いや願いが実現することはありません。

たとえば体調が悪いとき、「もしかして病気かも？」と不安な気持ちになったり、つらい出来事があったりしたとき、「もう死にたい！」と思っても、すぐに病気になったり、命を落としたりという方はいないでしょう。

それは、「病気かも」「死にたい」という思いや願いが、魂の目的（使命）に叶っていないからです。なので、どれだけ心と頭にあっても実現はしません。

思ったことや願ったことが現実になるのを魂が許可するのは、それらがプラスのものであれマイナスのものであれ、

自分の決めてきた（宿命）役割
魂の目的（使命）に必要な学びや経験として活かせること

だけです。

ですから、「恐ろしいことが頭によぎった。現実になったらどうしよう」と不安になる必要もありません。

また他人に対して何かを強く願っても、それが相手の身に起こるということもありません。どれだけ願っても、自分に起こる出来事しか、魂の許可はおりないからです。

私たちがつくり上げることができるのは、「自分の人生」だけです。

ここは重要なので、是非覚えておいてくださいね。

右のプロセスで、心Aに「ない」の記憶があると、ここがボトルネックになって、思いや願いが叶いづらくなります。「運の貯金」を使おうとしても使えない、つまり、現実にならないというわけですね。

POINT

自分に起こる出来事しか、魂の許可はおりない

出来事は脚色される

「ない」の記憶について、くわしくお話ししましょう。

子どもの頃、すごく欲しいものがあったのに親に買ってもらえなかった、という出来事があったとします。

このとき、とてもショックを受けたとすると、その記憶は心Aに刻まれます。

ただ、記憶されるのは、出来事そのままではなく、

・その出来事をどう捉《とら》えたか？（思い）

・どのようにショックに感じたか？（感情）

といった、その出来事から受けた印象です。

たとえば、

- **お姉ちゃんは買ってもらえたのに、私は買ってもらえなかった（私は必要がない・愛されていない・大切にしてもらえない）**
- **とても欲しかったのに買ってもらえなかった（欲しいものは与えてもらえない）**
- **欲しい気持ちをわかってもらえなかった（理解されない）**

といったものです。

これらは、みな「○○されない」という印象・記憶です。

では、実際の出来事自体はどんなものだったのか、それを家族の人に確認すると、

- **お姉ちゃんが「欲しい」と言ったのは500円のおもちゃだったけど、あなたが欲しがったのは1万円もするワンピースだった。そのときは持ち合わせがなくて買えなかった**

とか、

■ローラースケートをやるにはまだ早いし危ないから、そのときは買わなかった

とか、

■買ってあげたものをいつも大切にしないから買わなかった

などの答えが返ってきます。

出来事が起きたとき、家族も本人にそう説明していたにもかかわらず、「〇〇されなかった」という「思い」や「感情」と辻褄が合わない「事実」は記憶されません。つまり、出来事は「脚色」され、その脚色された出来事から受ける思いや感情が記憶されるのですね。

そして心Aには、先に挙げたカッコ内の部分、

- 私は必要ない
- 私は愛されない
- 私は大切にされない
- 私は欲しいものが手に入らない
- 私は理解されない

という「〇〇されない」のデータだけが記憶としてしっかり残っているのです。

POINT

記憶に残るのは「〇〇されない」というデータ

マイナスの思いグセ

「○○されない」の記憶が心Aにある限り、無意識的かつ習慣的に、それが「なくなる」、あるいは「ない」と感じるような行動をとってしまいます。

たとえば、子どもの頃、母親が他のきょうだいにやさしくしているのを見てショックを受けたことが引き金となってつくられた、「私は愛されない」「私は大切にしてもらえない」という「思いグセ」があるとします。

こうしたマイナスの「思いグセ」のある人は、「相手から愛されるためにがんばろう」と頭では思っていても、実際には、

- **相手をわざと怒らせるようなことをする**
- **相手に無視されるタイミングで話しかける**
- **相手を苛立《いらだ》たせる話し方をする**

・感情的になって、さらに相手の機嫌を損《そこ》ねる

という行動をとってしまうのです。

これは、相手の思いや感情とは無関係に、「ほら、やっぱり私のことを愛していない、大切にしていない」ということをわざわざ確認するような行動ともいえます。

しかも、こうした行動は、友人、恋人、配偶者、子どもといった、大切にすべき身近な人に対してとりがちなのです。

POINT

「〇〇されない」の記憶が、マイナスの思いグセをつくる

自覚しにくい「〇〇がない」

「〇〇されない」という記憶は、そのままの形で残り続けるとともに、そこから様々な「〇〇がない」という思いが派生してもいきます。

そして、この「〇〇がない」という思いは、比較的自覚しやすいものと自覚しにくいものに分けられます。

自覚しやすいものは、「お金がない」「時間がない」「体力がない」などといったものです。

これら自覚しやすい思いは、その人の行動を縛《しば》るわけですが、自覚しやすいだけに、意識して逆の方向に持っていきやすくもあります。

たとえば、「お金がない」という思いを常に持ち続けている人でも、まとまったお金が入れば、そういう思いは一時的にせよ消えるわけです。

また、「時間がない」と思いがちな人が余裕をもって行動したり、「体力がない」と思いがちな人が運動をしたり体を鍛えたりすれば、その思いを減らすことができます。

しかし、自覚しにくい「◯◯がない」という思いは、自覚しにくいぶん、意識的に変えるのがとても難しいといえます。

自覚しにくい「◯◯がない」という思いのうち、代表的なものを挙げてみましょう。

自分には価値がない
成功できない
一番になれない
大切にされない
続けることができない
思い通りにならない
自由にならない
欲しいものが手に入らない
やりたいことができない

同じく「◯◯されない」という思いにも、次のような自覚しにくいものがあります。

認めてもらえない
誰も助けてくれない
意識を向けてもらえない
愛されない
理解してもらえない
尊重してもらえない

これらはいずれも、心Aの奥深くに刻まれているものなので、自覚しやすい「◯◯がない」「◯◯されない」に比べ、よりしつこくあなたの言動に影響を与えます。

そして、プラス貯金を使うことをためらわせ、結果的にその人の運を悪くさせるのは、この自覚しにくい「◯◯がない」「◯◯されない」の記憶、すなわち「ない」の記憶なのです。

POINT

自覚しにくい「ない」が、運を悪くする

「ない」を書きかえるワーク

自覚しにくい「ない」の記憶は、どれも幼い頃の体験を元に形成されます。

しかし、それらは実際に起きた出来事が脚色された結果生じた「思いこみ」にすぎません。

ということは、「思いこみ」を消し去るか、プラスの「思いこみ」で上書きすれば、「ない」の記憶を修正することができるわけです。

その結果、プラスの貯金をためらわず使えるようになり、運が良くなるサイクルが回りやすくなります。

そこでここからは、「ない」の記憶を修正して、今まであなたを縛ってきたマイナスの「思いこみ」を消し去り、プラスの思いこみを上書きする方法についてお話ししましょう。

ただ、記憶の修正をするには、まずは自分に、どんな「ない」という記憶が刻まれているかを知ることが大切です。

そのために、まず簡単なセルフチェックをしてみましょう。

＊

実際に書き出していただきたいので、まず紙とペンをご用意くださいね。

じっくり考えてみて、項目に当てはまる選択肢がない場合は、次に進んでください。

その際、注意していただきたいのは、嘘を書かないことです。

たとえば、プラス思考でなければいけないと思っている方は、悪いことを書きたくない、否定的なことを思ってはいけないと考えるかもしれません。

謙虚《けんきょ》な方は、欲張りなことを思ってはいけないと考えるかもしれません。

でも、それだとワークが成功しないので、きれいごと抜きで、正直に書き出してくださいね。


【ワーク1】

あなたが今、欲しいものはなんですか？

お金やアクセサリーなどをはじめ、パートナー、やりがいのある仕事、資格、心を許せる親友などなど、いくつ挙げてもいいのでじっくり考えて、書き出してみてください。


【ワーク2】

書き出したものは、今後手に入りそうですか？

【ワーク1】で紙に書いたものの横に、次のA～Fのなかから該当するアルファベットを書き加えてください。

A．すんなり手に入りそう
B．ちょっとがんばれば手に入りそう
C．かなりがんばれば手に入りそう
D．がんばっても難しそう
E．無理だと思う
F．よく考えてみたら、必要なもの、それほど欲しいものではない

【ワーク3】
A、B、Cに分類されたものは、どうすれば手に入ると思いますか？　その手段や、その手段を選んだ理由を書き出してみてください。

【ワーク4】
DとEに分類されたものは、どういう理由で手に入れるのが難しいと思いますか？

【ワーク5】
DとEはどのような状況になれば、手に入ると思いますか？

ここで、【ワーク1】で書いたものをご覧ください。おそらく、「欲しいけど今持っていない」もの、もしくは「足りない」と思っているもののはずです。

次に、【ワーク2】で書き加えたアルファベットをご覧ください。

A〜Eのうち、どれが多いですか？

このなかで一番数が多いものが、あなたの心に潜むイメージ、思いグセである可能性が高いのです。

現実はこのイメージ通りにつくられていくので、あなたが望むものや状況は、

A↓すんなり手に入ってきた
B↓ちょっとがんばって手に入れてきた
C↓かなりがんばって手に入れてきた
D↓がんばっているのになかなか手に入らないことが多い
E↓無理だから最初からチャレンジしない

のような現実になってきていることが多いはずです。これまでの人生を振り返ってみて、いかがでしょうか？

再び、【ワーク２】の回答をご覧ください。

【ワーク２】でDと答えたものが多い方は、もしかしたら、わざわざ難しい手段を選んではいないでしょうか？「がんばっているのに手に入らない」と思っていると、自然に難しい手段を選んでしまいがちです。これも「ない」の仕業です。

たとえば、私はネットビジネスで成功した方と一緒にお仕事をすることも多いのですが、

「最初の数か月は寝る時間を削り、毎日たくさんの時間を費やしてサイトをつくり上げ、その後も結果が出る方法を調べてコツコツ実践してきた」

とおっしゃる方と、

「さほど大変ではなかった。気づいたらこうなっていた」

とおっしゃる方の2つのタイプがいます。

どちらも同じように成功をしているのですが、その手段を右の回答に当てはめると、前者がC、後者がAになります。

欲しいもの・欲しい結果を手に入れる手段は、人によって違いがあります。その違いは、その人の「思いグセ」の違いに基づいています。この「思いグセ」を左右するのが、「ない」の記憶なのです。

あなたは、望むものを楽に手に入れたいですか？　それとも苦労して手に入れたい

ですか？　もちろん楽に手に入れたいですよね。

そのためには、C～Eのイメージの人は、Aのイメージに書きかえる必要があるわけです（「ちょっとがんばって手に入れる」Bは、ここでは考えないことにします）。

ではC～Eのイメージを持っている人が、Aに書きかえるにはどうすればいいでしょうか？

それには、まず、「ある」「あった」ことを探してみるのです。

具体的には、
自分がこれまでに欲しいものをすんなり手に入れてきたことに目を向けてみることです。

たとえば、

- **お腹がすいたとき、冷蔵庫を開ければ食べ物が入っている**

●のどが渇《かわ》いたときも、水道の蛇口をひねればきれいな水を飲める
●雨風をしのげる場所が、生まれたときから用意されている
●褒《ほ》められたこと、大切にされたことがある
●欲しいと思って買った服がある
●毎月お給料をもらっている

などなど、どんな小さなこと、当たり前のことでもかまいません。自分が欲しいものを手に入れてきた経験に意識を向けてみるのです。

この作業を積み重ねることによって、心Aに固定されてきた「ない」の記憶が崩れていき、「ある」の記憶に書きかえられていくのですね。

そうなると、欲しいものがあるとき、最初からあきらめるのではなく、

●簡単に手に入れる方法があるかもしれない
●難しい状況のときもあるかもしれない

●**場合によっては無理なときもあるかもしれない**

という捉え方ができるようになります。あとは、そこから好みの方法を選択するのです。

ちなみに私はいつも、

できるだけ簡単に、効率よく欲しいものが手に入る

と考えています。

そのために、

●**自分が欲しいものを簡単にスムーズに手に入れている人をネットや書籍などで探す**

●**そういう人のブログや本などを読んで、その方法を学ぶ、吸収する**

ということもよくやっています。その結果、私自身が実際に欲しいものが簡単に手に入ることも多くあります。

こうしたことは、右のワークで「ない」の記憶・イメージを書きかえれば誰でもできるようになります。ぜひ実行してみてくださいね。

POINT

「ない」を「ある」に書きかえれば、欲しいものが簡単に手に入る

「○○されなかった」を書きかえるワーク

次に、「ない」という思いをつくる原因となった、「私は○○されなかった」という記憶を書きかえるワークをやっていただきます。

メモとペンを用意し、誰もいない落ち着ける場所でやってみましょう。

【ワーク6】

あなたの身近な人で、嫌いな人・思い出すと不愉快になる人・避けたい人など、ネガティブな感情を抱く相手を書き出してください。

【ワーク7】

【ワーク6】で挙げた人について、どういう理由でネガティブな感情を抱くようになりましたか？

そのきっかけになるような出来事があったら、できるだけ具体的に書き出してください。

そして、その相手に言いたいことを思いっきりぶつけてみてください。

声に出すと効果的ですが、出せない環境だったら、心のなかでスッキリするまで罵倒《ばとう》してください。

途中で「こんなことまで言っていいのかな……」なんてことは思わず、最後まで言いきってくださいね。

大丈夫です。相手のことを「死ねばいいのに！」と思っても、現実にはそうなりませんから、安心してぶつけてください。

言っているうちに大泣きするかもしれませんし、バカらしくなってくるかもしれません。

いずれにしても、とにかくスッキリするまで言いきることが大切です。


【ワーク8】

その後、気持ちが落ち着いてきたら、考えてみましょう。

あなたは「何をしてほしくて」「どういう結果がほしくて」「本当はどうしたくて」そんなに不快な思いをしていたのか、書き出してみてください。

そして、「何をされた」「何をしてもらえなかった」と感じたのか、思いつく限り書き出してみてください。

たとえば、こんなぐあいです。

- **理解してもらえなかった**
- **認めてもらえなかった**
- **大切にしてくれなかった**
- **尊重してくれなかった**
- **信じてくれなかった**

・バカにされた
・邪魔された

その思いのなかに、【ワーク7】で書いた出来事が起きる以前から、あなたが長年勘違いしてきた「〇〇されてない」という記憶が潜んでいるのです。
そして、その記憶が、実際に起きた出来事の解釈をねじ曲げ、その出来事がわざわざ再現されるように、自分から働きかけている可能性があるのです。

ここでいったん、【ワーク6】で書いた人の立場に立って、その出来事を考えてみましょう。
あなたがとった態度、行動、表情、言った言葉を思い出し、相手の性格だったら、考え方だったら、あなたのその言動をどのように捉え、どう感じ、どういう行動に出るか、じっくり感じてみるのです。

――いかがでしょう。あなたが書き出した「〇〇されない」「〇〇された」という記憶が勘違いによるものであったことが明らかになりませんでしたか？

【ワーク9】

もし、勘違いに気づいてスッキリしたなら、次にその出来事がきっかけで自分にどんな変化が生まれたかを考えてください（考えつかない場合は、時間をおいても大丈夫です）。

- **その後、良い方向へ軌道修正できた**
- **不要な習慣、思い、もの、人を手放すことができた**
- **相手を「見返したい！」「負けたくない！」という気持ちでがんばることができた**

そして、思い出せたら、【ワーク6】で書いた人に対してネガティブな感情を抱いたままでかまわないので、

××さんのおかげで、こうなりました、ありがとう！

と心のなかで、思いきり叫んでみてください。声を出せる環境だったら、大声で言ってみるとなおいいです。

何度かくり返していくうちに、その人に対するネガティブな感情がだんだん薄れていくのを感じるはずです。

もし「ありがとう」の言葉にまだ違和感があるようなら、ネガティブな感情が残っていますから、また日を改めて、【ワーク7】から再チャレンジしてみてください。

そして、【ワーク6】で書き出した人の一人ひとりについて、【ワーク7】から【ワーク9】までの作業を行なっていきます。

実際にやってみるとわかりますが、精神的にかなりしんどい作業です。ときには、涙があふれてきて、そこから先に進めないこともあるでしょう。

それでも根気よく続けていくと、自覚しにくい「〇〇されない」という思いが、心のなかからしだいに消えていきます。

そして入れ替わるように、プラスのエネルギーがどんどんたまっていき、プラス貯金を貯めて使う土壌が、あなたのなかにできてきます。

そうなると、運が良くなるサイクルが、自然にできてくるのです。

POINT

嫌いな人に、心のなかで「ありがとう！」と叫ぼう

「ある」を築く

ここまでのワークによって、心Aのなかの「ない」の記憶を、「ある」に書きかえる準備が整ってきたかと思います。

ここからは、さらに一歩進んで、心Aのなかの「ある」を築く方法についてお話ししましょう。

最初に結論をいっておくと、
心Aのなかに「ある」を築くには、

①「ある」を見る・認める
②「ない」と思っているものを先に出す・他人に与える

ことです。

具体的に、多くの方が口にする「お金がない」という「ない」を例にとって考えていきましょう。これは自覚しやすい「ない」なので、みなさんも理解しやすいかと思います。

■お金がない

「お金がない」という出来事は、左ページの図のように、頭、心A、魂の満場一致で、自分の持っているマイナス貯金を使って引き起こされます。

その結果、

×家電、車、パソコンなどが故障して、買い替え、修理代が必要になる
×子どもが人のものを壊して弁償する羽目になる
×たくさんお金が入っている財布を落とす
×返品不可能な粗悪品を買わされる

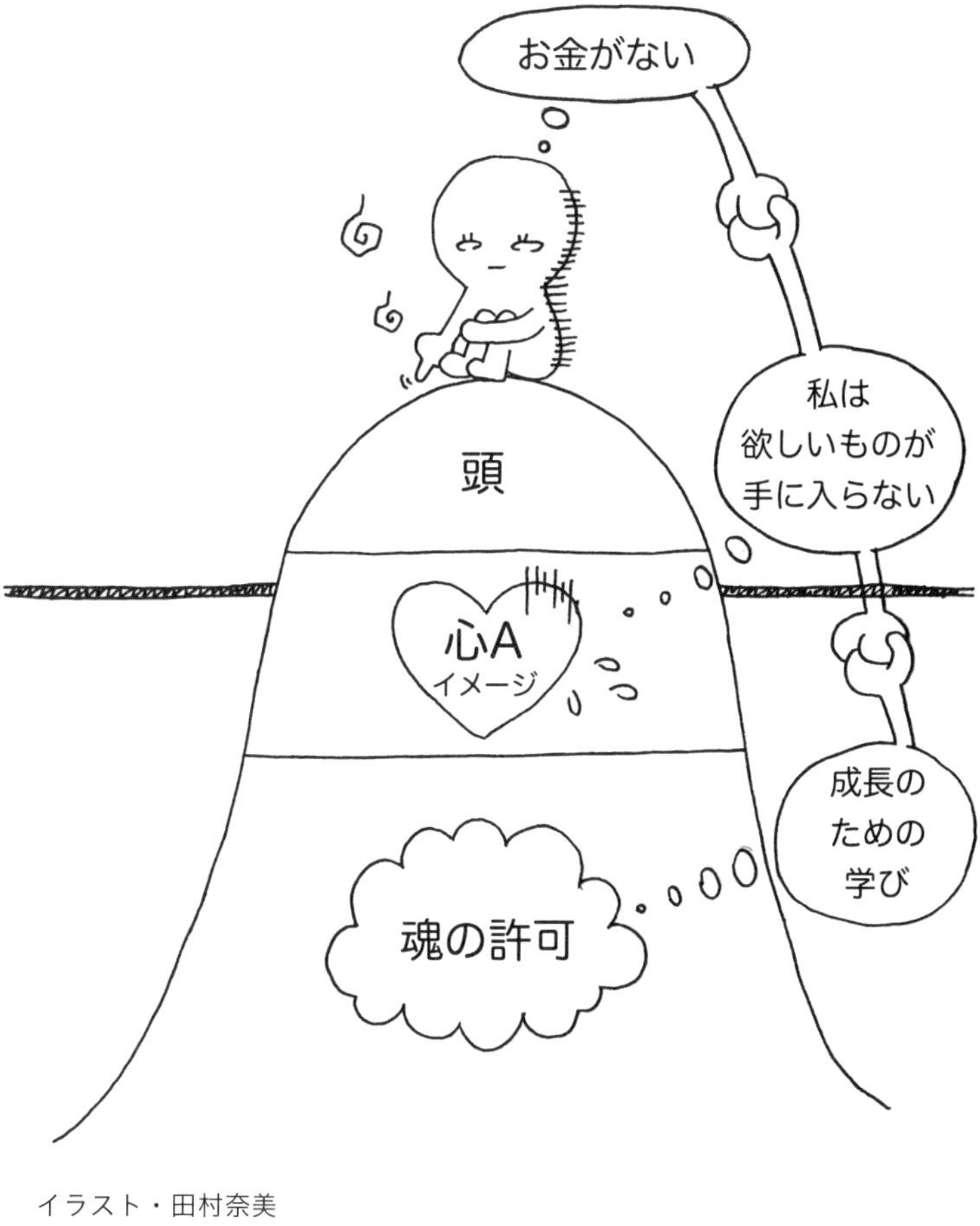

イラスト・田村奈美

×ペットの具合が悪くなって病院に行くハメになる

などなど、予測していなかった出費が必要になるようなことがどんどん増えていくのです。

このことこそがまさしく、「お金がない」という思いを、貯めてきたマイナス貯金を使って現実化していることにほかなりません。

また、「お金がない」という思いは、自分にとってマイナスの出来事を引き起こすだけでなく、無意識のうちに他人のお金（の価値に相当する貴重なもの）まで奪ってしまいます。

たとえば次のようなことです。

×保険の外交員さんからさんざん説明を聞いた挙句《あげく》、結果的に契約しない

×購入する気がない商品の無料サンプルをいっぱい持って帰る
×予約していた店を土壇場でキャンセルする
×支払い期日に遅れる
×必要なものを他人に借りて、そのまま返すのを忘れる
×同情からものを譲ってもらったり、おごってもらったりする
×ものを買うときに値切る
×食べ放題で元を取ろうと、食べたくないものまで注文する

こうしたことを起こらなくするには、

◯今まで生きるために必要なお金はあった
◯仕事をすればお金は入ってくる
◯最悪でも国の援助が受けられる

などの「ある」を見ていくようにします。

こうして、「お金がない」につながる不安なイメージを変えるのです。
そして、お金がない状態にならないと、自分のエネルギーを使わない（行動しない・考えない）というクセをなくすのです。

これで、
頭↓心A↓魂
の順に、「お金がない」を書きかえる準備が整いました。

その上で、

○お金を気持ちよく出す（欲しいものを罪悪感なく買う、1円でも募金する）

ようにします。
この行為は、「ない」と思っているもの（お金）を先に出すことを意味します。
そしてこれを「与えたものは返ってくる」というエネルギーの法則に当てはめると、

自分が誰かに与えてしまった利益は自分に返ってくることになります。

つまり、
プラス貯金をつくる↓使う↓つくる↓使う↓つくる……

のサイクルをくり返すことになるわけです。

このサイクルをくり返すうちに、「お金がない」が「お金がある」に変わり、現実もそのように動いていくことになるのです。


「お金がない」の他にも、「◯◯がない」を「◯◯がある」に変えて、その「ある」を現実化する方法について次に挙げてみます。

いずれも、

①「ある」を見る・認める

②「ない」と思っているものを先に出す・他人に与える

になります。

■時間がない

①ムダに消費している時間がないかチェックして、時間にゆとりがあるという真実を受け入れる
②他人のために自分の時間を使う、譲る

■運がない
①運が良いと感じたときを思い出し、認める
②他人の成功・幸せを願う（運はエネルギーなので、自分のエネルギーを他人に投じる）

■人に認めてもらえない
①認めてもらっていたことを思い出す、認める
②他人を認める

■人に理解してもらえない
①理解してもらえた体験を探す、認める

②他人を理解しようとしてみる

■何をやってもうまくいかない

①過去に成功した体験を思い出し、認める

②他人の成功を願う。成功するために労力を使う

■誰も助けてくれない

①人に助けてもらった体験を思い出す、認める

②人を助ける

■人に気に留めてもらえない

①人に気に留めてもらえた体験を探す、認める

②関わる相手にしっかり意識を向ける

■一番になれない

①一番になった体験を探す、認める
②他人に一番を譲る、喜ぶ

■愛されない
①愛されていたことを見る、認める
②先に愛を与える

右に挙げたものの他、

■自分には価値がない
■大切にされない
■続けることができない
■思い通りにならない
■自由がない
■欲しいものが手に入らない

■やりたいことができない
■尊重してもらえない

などでも同様に、過去の「ある」をしっかり思い出した上で、「他人に与える」「先に出す」ようにすると、「ない」のイメージは薄れ、「ある」のイメージが強まっていきます。

「なかなか実践できない」「いつもためらってしまう」という方は、**【ワーク1〜9】**に戻ってみてください。

POINT

「ない」と思っていることは、先に出す

「不安」をとり除くワーク

「ない」という記憶とともに、「不安」もプラス貯金を使う際のブレーキになることがあります。

不安は私たち人間にとって必要な感情です。危険を避ける、方向転換する、改善する、準備を怠《おこた》らない、などといった形で、「不安」という感情が活かされている場合はまったく問題ありません。

しかし、不安がプラス貯金を使う際のブレーキになってしまっている場合は問題です。

しばしば不安な感情が湧いてきて、あと一歩が踏み出せないという方のために、「不安」をとり除くワークをご紹介しましょう。

【ワーク10】

たとえば、次のような状況を想定してみてください。

そろそろオフィスを退社しようと思ったとき、あなたは上司から、自分の担当ではない仕事を頼まれました。

あなたは、レストランで恋人と食事の約束をしています（メリット）。人気のレストランなので何か月も前から予約をし、ずっと楽しみにしていました。

そこで、あなたは上司の頼みを断ることにします。

①このとき、どんな事態になると思いますか？

②また、それは本当に起こりうることと考えますか？

③❷で検討した結果、何がデメリット（最終的に本当に起こるであろう望ましくないこと）になりますか？

それを紙に書き出しながら考えてみてください。

いかがでしょう。上司の頼みを断るのは、想像のなかのことでも、かなり勇気のいることだったのではないでしょうか。不安な感情にとらわれやすい方は、なおさらだと思います。

このワークについて、例を挙げながら考えてみましょう。

①で、次のようなことを書いたとします。

- **上司の怒りを買う**
- **上司に嫌われる**
- **命令違反で会社をクビになる**

そして②で、それぞれ起こりうることかどうか考えてみます。

「上司の怒りを買う」「上司に嫌われる」という可能性は高いかもしれない。

ただ、さすがにクビになる可能性は極めて低い。

となると、③のデメリットは、

「上司の怒りを買う」「上司に嫌われる」

ということになります。

その上で、

③のデメリットを避けるために、「恋人との食事の約束を破る」ことを選択するのか？

それとも、

上司の頼みを断って、「恋人との食事の約束を守る」というメリットを選択するのか？

を考えます。

ここで立ち止まって考えていただきたいのですが、「上司の怒りを買う」「上司に嫌われる」というデメリットは、あくまで「想像」のなかのことで、実際にそうなるわけではないということです。

不安な感情にとらわれやすい人は、想像のなかで挙げたデメリットによって、自分の本当にやりたいこと（メリット）を押さえつけてしまいがちです。そうして、不安が不安を呼んで、プラスのエネルギーを出せなくなっているのです。

もし、上司に事情を説明すれば、「それなら、しかたないね。別の人にお願いするから大丈夫」とか、「どうぞデートを楽しんできて。次はよろしく頼むね」と言ってくれるかもしれないわけです。

また、上司の怒りを買ったとしても、それが永遠に続くとは限らないし、部署が変われば、上司でなくなることにもなるわけです。

もちろん、いつ何時も自分のメリットを優先すべきとはいいませんが、メリットとデメリットの両方をしっかり見つめ、メリットのほうを選択しても大丈夫と判断すれば、自分の本当の気持ちにしたがって行動するほうがよいと思います。「案ずるより産むが易《やす》し」で、結果的にあなたにとっても周りの人にとっても、良い結果がもたらされることが多くなるでしょう。

そして、それをくり返すうちに、不安ベースの行動パターンから脱却でき、プラスのエネルギーが出る、つまり「運の貯金」が貯まりやすくなるわけです。

POINT

不安ベースの行動をやめれば、「運の貯金」が増えてくる

完璧主義のあなたへ

この章の最後に、みなさんにお伝えしたいことがあります。

それは、

完璧主義をやめてみる

ということです。


「ない」の記憶がたくさんある人は、完璧主義者であることが多いです。

こういう人は、常に何かが足りないと感じています。

何かにつけて結果を出している人と自分とを比べては、能力が、努力が、理解力が、行動力が、才能が、センスが、やる気が、時間が、お金が、環境が、学びが、知識が、経験が、私にはない！　まだまだ足りない！　と感じてしまうのです。

私も若い頃は完璧主義だったので、その気持ちはとてもよくわかります。
自分と他人とを比べては「ない」ことを嘆き、自分より「できない」人を見てはイラッとし、のくり返しでした。
完璧主義の人は、がんばり屋さんで、何でも自分である程度こなせています。でもその結果、周りの人を緊張させたり、劣等感を与えたりしていることも多いのですね。

心のなかにいつも「〇〇がない」という思いがあり続けると、潜在意識とつながりにくくなります。それでは、自分の本当にやりたいこと、魂の目的に気づくことはできません。

そんなこと、宇宙はまったく求めていません。自分を大切にできていないので、宇宙からもマイナスエネルギーが届くことにもなります。宇宙からマイナスエネルギーが届くと、自分のなかからプラスのエネルギーを出しにくくなり、「運の貯金」を貯めにくくなります。

完璧主義をやめたら、「○○がない」という思いがどんどん減り、代わりに「ある」がどんどん増えて、生きるのがだいぶ楽になります。こうして、運が良くなる自分へと変化していくのです。

POINT

完璧主義は今すぐやめよう

第3章

天運を味方にする

前章のワークによって、
あなたは「○○がない」を「○○がある」に、
「××されない」を「××される」に
書きかえることができたかと思います。
きっと、あなたのなかに、
運を良くする土壌が整ってきたのではないでしょうか。

そのことを踏まえて、ここからは、
「運の貯金」を効果的に貯めたり使ったりする上で必要な、
様々な運を味方につける方法についてお話ししていきます。
まずは、天運についてです。

天運を最大限に得るには？

天運とは宇宙のサポート。エネルギーのなかでも、もっとも大きなエネルギーです。

そんな天運を最大限に得るためには、「与えられたものを余すところなく活かす」生き方をすることです。


ところで、あなたが誰かに食事をつくってあげるとして、すべての料理を、美味《おい》しそうに、幸せそうに食べきってくれたら？

……もちろん、うれしいですよね。また美味しいものをつくってあげたい♪　って思うはずです。

でも、「他に食べるものない？」と言われたり、お腹がすいているはずなのに、ほとんど手を付けずに残されたりしたら？

……二度と、その人のためにつくってあげようなんて思いませんよね。

実は、私たちを生み出した宇宙も同じです。

宇宙から、命、時間、知恵、動くことができる体、成長する機会……そんな必要なすべてを与えてもらったにもかかわらず、それをありがたく使わないどころか、口を開けば文句ばかり言っているとしたら……。宇宙にしてみれば、そんな人に何もあげたくないってことになりますよね。

自分が持つものすべては、天から授かったもの、「天物《てんぶつ》」です。

だから、

頭が悪いから、体力がないから、見た目が悪いから、価値がないから、運が悪いから、育った環境が悪いから、親の育て方が悪いから……。

などと言って、自分を卑下《ひげ》するのは、宇宙にケンカを売っているようなものなのです。

私たちが生まれる前、まだ目に見えない魂だったとき、この土地に、この親の元に生まれることを選択し、この肉体、この使命、この性質……いわゆる私として生きることを望み、命を授かったのですね。

その命を最大限に活かすこと、「あること」にありがたいと気づくこと。

――それこそが、宇宙から最大限のサポートが得られる生き方なのです。

POINT

自分の命を最大限に活かす

苦手なことに才能が隠れている

天から授かった命を最大限に活かす方法——。

それは、自分のなかの才能を最大限に活かす生き方をすることです。

ただ、自分の才能は、自分ではなかなか気づきにくいものです。


私は以前、運命学のデータを元に、天職についてのコンサルティングをしていたことがあります。

運命学のデータを分析すると、どのような分野に才能があるかということもわかるのですね。

ただ、多くの人は「自分には才能なんてまったくない」と決めつけたり、才能を眠らせたままにしています。

たとえば、

「○○さんは、リーダーとしての素質を活かす仕事に就《つ》かれると良い結果になりますよ」

と言っても、

「とんでもない！　私には人の上に立つ才能なんてありませんし、人に指示なんてできないです。小学生のとき学級委員に立候補しても落選しましたから」

などと返ってくるのです。

このように一度や二度の失敗や不快な思いをした経験で、自分の才能や能力を「ない」ことにしている人はとても多くいるのですね。

なかには「自分をバカにした人たちを見返したい！　だからもっとがんばる」というように、つらい経験や恥ずかしい体験を原動力にする人もいます。けれども多くの人は、そのときのショックを引きずったまま、行動を起こさなかったり、自分の才能に目を向けなかったりするのですね。

そんな人に対して、私は、

「あなたの苦手なことを書き出してみてください」

という課題をお出しするようにしています。

たとえば女性のなかには、「料理や家事が苦手」と書く人が結構います。

その苦手意識は、人生において「する必要がある」という思い込みから来ているんですね。そもそも必要がないことについては、苦手という意識は湧いてきません。

人は貴重なエネルギーを有効に使うために、興味のないことや、する必要のないことには意識が向かないようにできているのです。

たとえば、小学生の男の子に「苦手なことは？」と聞くと、「算数」とか「鉄棒」などと返ってくるかもしれませんが、料理や家事という答えはほぼ返ってこないはずです。多くの小学生の男の子にとって、料理や家事をする必要がないからです。

そう考えると、書き出した苦手なもののなかには、生きていく上で必要なことがかなりの割合を占めているといえます。

「苦手と思う」ということは、そこに意識が向いているということ。する必要があることは意識の奥ではわかっているものの、苦痛や恥ずかしさを伴《ともな》う失敗体験の記憶が残っているからこそ、「苦手」という表現が出てくるわけなのです。

実はこの「苦手リスト」のなかにこそ、自分の才能を開くカギが眠っているんですね。運命学のデータを分析してみると、そのことがよくわかります。

宇宙は、宇宙の意志を形にするために、私たちに役割を与え、その役割に必要なすべてを与えてくれています。自分の才能を活かし、役割を担うことは、宇宙にとって、とても喜ばしいことなのです。

宇宙が喜ぶと、宇宙規模のプラスエネルギーが返ってきます。つまり、とても大きなサポートがあなたに届くということですね。

ぜひ、苦手なことを書き出してみてください。

そして、書き出したことにチャレンジしてみて、そこに自分の才能が隠されていないか、よく考えてみてください。今まで気づかなかった自らの才能に気づくかもしれません。

POINT

苦手なことにチャレンジする

自分の心を大切にする

「今日、私は不機嫌です。ご迷惑をおかけしますが、ご理解のほど、よろしくお願いします。また、お気づかい無用でお願いいたします」

――こんなことが書いてあるゼッケンあったらいいのに……。そう思ったことが何度かあります。外出のとき、それを胸につけておいたら、余計なことを言われることも減りますしね。

不機嫌なまま人と接すると、相手にマイナスエネルギーを与えてしまうことになるので、相手を不愉快にさせたり気をつかわせたりするだけでなく、それがマイナスエネルギーとなって自分に返ってきてしまいます。

ただ、本当は疲れているのに、心が痛いのに、悲しいのに、怒りを感じているのに、寂しいのに、つらいのに……。そんなとき、笑顔でいる、平気なふりをするのは、自分の心を大切にしていないということ。

そうやって自分の心を無視し続けていると、自分のなかの本当の感情を認識することができなくなってしまいます。


自分の人生において、一番大切なものは「自分」です。

宇宙は、自分を大切にすることをとても喜んでくれますから、日々そのことを意識して行動すると、宇宙は大きなプラスのエネルギーを与えてくれるのですね。


自分が不快でいるときは無理をせず、「ごめんね。今日は調子が悪くて、あまり笑顔でいられなくて」などと言って周りに表明する。あるいは、マイナス貯金が増えることをＯＫして無理しない。それがすなわち、自分を大切にする生き方になります。

実際そうしたほうが、結果的にマイナスエネルギーの放出を最小限に抑えられるのですね。

POINT

不機嫌だったり調子がよくなかったりするときは、無理をしない

運動は「運を動かす」

運動って、「運を動かす」と書きますね。

なんだか、最近うまくいかない
思い通りにことが進まず、もやもやしている
やらないといけないことがたくさんあるのに、何も手をつけていない

――そんなときは、マイナスエネルギーをたくさん出しまくってエネルギーバランスが悪くなっている状態。ぜひ自分が気持ちいいと感じる運動をして、悪いほうに傾いている運の流れを動かしてみてください。

以前、心理学に精通されている高校講師の岩崎佳子先生のお話を聴く機会があり、大変感銘を受けました。

こんな内容です。

池の水など自然な状態にある水は、雑菌や微生物が混ざっているので、そのまま留まっていると腐るのですが、動いていると酸素が十分にいきわたり、腐らない。たしかに、川や海の水は腐りません。

60〜70％水でできている私たち人間も同じで、長い時間同じ場所でじっとしているより、定期的に体を動かしたほうがいい。

その佳子先生から教えていただいたのが、「右脳と左脳をつなぎやすくする体操」。

ご存じのように、主に理性や論理的思考を司《つかさど》るのが左脳で、主に感性や本能を司るのが右脳といわれています。

その両者をつなぎやすくし、脳を活性化する体操というわけですが、私はこの体操を、潜在意識とつながりやすくなる体操＝開運体操と解釈しています。

実際、この運動をしたあとは、プラスのエネルギーが自分のなかからどんどん出ていくのを感じます。

では、どんな体操かお教えしましょう。

これは世間では「8の字体操」「8の字エクササイズ」と呼ばれているものですが、私は体を動かしながら、「今、運の貯金が貯まってる」「自分からプラスのエネルギーが出てる」とイメージしながらしています。

131～132ページのイラストを見ながら、お読みくださいね。


【開運体操】

①足を肩幅より少し広めに開いて立ち、両手を腰に当てます。
②背筋を伸ばし、腰を左右に動かしてゆっくり大きく8の字を描きます。
③逆回転とワンセットで行ないます。

【開運体操パート2】

④両手を上げて手のひらを合わせます。
⑤ゾウさんの鼻のように、その手を8の字に回します。

開運体操
はじめるよ！
① 足は肩幅より広めに。
両手を腰に。
背筋を伸ばして♪
② 腰を左右に
ゆっくり大きく
8の字
♪
③ 逆回転もして
ワンセット

開運体操
パート2
両手をあげて
手のひらを合わせる
ゾウの鼻のように
8の字に回す。
伸・・・のびる・・・・
手に合わせて頭も体もクネクネ♪

イラスト・田村奈美

⑥頭も、体も、手に合わせてくねくね回します。逆回転とワンセットで行ないます。

私はパート1とパート2を、それぞれ左右10回ワンセット×1〜2回しています。

「8の字体操」はネットにも多数載っていて、ウエストがくびれる、背中の肉が落ちる・つきにくい、インナーマッスルが鍛えられる、骨盤矯正《きょうせい》効果がある、腸の働きが活発になる、などの効果があるといわれています。

開運効果だけではなく、健康や美容にもかなり高い効果が期待できる、オススメの体操のようですね。

ぜひお試しください。

POINT

開運体操は、運気と美容に効果大

もっとも簡単で、もっとも効果のある方法

天運を味方につける究極の方法、それは、

「笑う」

ことに尽きます。

「なあんだ、そんなことか」と思った方もいらっしゃるかもしれませんが、本当にこれに勝るものはありません。ダントツに効果が高い「運の貯金」を増やす方法なのです。

笑うことで免疫力、抵抗力が高まり、ガン細胞を減少させることが、医学的に実証されてきたことは、みなさんもご存じのことと思います。実際、一度の笑いで、ガン細胞が１００個消滅するのだそうです。

生きていることは、楽しいことばかりではありません。イヤなことが立て続けに起

きたり、気が滅入るようなことが続くときもあります。

そういうときは、心が弱っていますが、同時に自分を取り巻く気の流れもよどんでいます。

そんなよどんだ気を一瞬に解消する方法として、私がよくするのは「笑うこと」です。

笑っているときって、ホント、幸せを感じますよね。

プラスエネルギーが出て、「運の貯金」がどんどん貯まっていくのが、自分でもよくわかります。

気分がすっきりしないとき、以前は録画しておいたテレビのバラエティー番組やお笑い番組をよく見ていましたが、最近はネットで笑える動画を見て、一瞬で気分転換するようにしています。

POINT

笑うことで、よどんだ気を一瞬で流す

第4章

地運を味方にする

地運とは、地球そのものや、
あなたが今住んでいる土地などから受ける
エネルギーのことです。
この章では、地運を味方にする方法について、
3つお話しします。

地球の恵みを受け取り、与える

私は日本で暮らしていることに、とても幸せを感じています。
日本人の多くが、
当たり前のように、きれいなお水がいつでも飲め、
当たり前のように、毎日食事ができ、
当たり前のように、雨風をしのげる家に住むことができ、
当たり前のように、お風呂に入ることができ、
当たり前のように、命の安全が守られている。

その日本に生かされ、
その土地に、家に、住むことができ、
日々、飲める安全なお水があり、
日々、食べられる食糧がたくさんある。

地球の、世界の、そして日本の歴史を考えると、それは奇跡のようなことです。にもかかわらず、あまりに当たり前のことになっているので、そのありがたみをつい忘れてしまいがちです。

地球に、日本に、その土地に、その家に、お水に、一つひとつの食材に、しっかり意識を向けてありがたく受け取る。

私は月に一度は、そのように感じて過ごすようにしています。

とくに、ご飯を食べるとき、一口一口、食べていることに意識を向けて、一つひとつの食材に意識を向けて、味わいながら食べる。

人参、ピーマン、鶏肉、お米、お味噌……を今、食べているんだな私。

その食材を育ててくれた人、その料理をつくってくれた人のエネルギーも受け取っているんだな、という意識をもって食べる。

そして、ご飯をつくるときは、料理をしている自分と食材に、しっかり意識を向ける。野菜を洗う私、お米をとぐ私、というぐあいに、ただ意識を向ける……。

びっくりするほど心が満たされて、体じゅうの細胞が喜ぶ感じがあります。もちろん「運の貯金」もどんどん貯まっていきます。

そうブログに書いたところ、実際これを試してみた人から、次のような報告がありました。


「料理が楽しくなってきて、ふだんより品数が増えてました（笑）」

「旦那さんが自主的に食器の洗い物をしてくれました」

「2日目の食事の後にスキンシップがありました。離婚まで考えている状況だったのですが、旦那を求めていたことに気づきました」

「職場の人たちが、なぜか急に優しくなりました」

「食材と、自分が料理をしていることに意識を向けていたら、なぜか食材が愛《いと》おしくなってきて、そこから母親にも愛されていたことに気づき、心から感謝の気持ちがあふれてきて涙が止まらなくなりました」

「その日から、なぜか主人がとても優しくなり、結婚当初より仲良しになってます」

「1週間くらい続けたら、子どもたちと遊んでくれなかった主人が、毎日のように子どもと楽しそうに会話やゲームをするようになりました」

今、この瞬間に意識を向けて過ごす。

地球の恵みに意識を向けて。

POINT

月に一度は、地球の恵みに意識を向け、感謝をしよう

地球に快を与える

快《かい》を与えると、快が返ってくる。これは宇宙の法則です。

では、その快を地球に与えたらどうなるか？

地球はちゃんと快を返してくれます。それも、とてつもないエネルギーをもって。

大切に扱われることは、誰にとっても、もちろん地球にとっても、心地よいことなのです。


私が地球に与える快のなかで、よくしているのは、犬の散歩中に見つけたゴミを拾うという簡単なことです。

でも、そんな簡単なことでも、気持ちしだいでプラスのエネルギーがバンバン出て、「運の貯金」を増やすことにおおいにつながるんですね。

では、どんな気持ちでゴミを拾えばいいのか、こっそりお教えしますね。

それは、

決してイラッとしない

こと。

道のど真ん中に空き缶が落ちていたとしても、「もう！　誰がこんなところに捨てるのよ！」と、怒らないことです。

それでも、イライラが収まらないようなら、

拾わない

ことです。

わざわざ自分を犠牲にしてまで、不快な思いをしてまで、拾う必要はありません。

さっと拾えるようなら拾えばいいし、そうでなければ拾わなくていい。自分が一番大切にするべき存在は、自分なのですから。

どんな開運術でも、基本は「自分が気持ちいいことを優先させること」ですよ。

POINT

ゴミを拾うときは気持ちよく

地球のエネルギーを取り入れる

私はよく、近場の天然温泉に行きます。実はこれも、プラス貯金をするのが目的です。天然温泉の正体は、地中深くから湧き出てくるお水ですから、地球のエネルギーに満ちあふれています。

温泉に浸《つ》かることで、全身で地球のエネルギーを吸収できる。とても開運効果が高いのですね。

温泉の入り方にもコツがあります。私の場合、まず体を洗い清め、温泉に浸かってゆっくり目を閉じます。

このとき、体のなかにたまったマイナスエネルギーを外に出す様子をイメージしながら、息をゆっくり吐ききります。

そして、大きく息を吸い込みながら、地球のエネルギーを全身で吸収する様子を想像します。

これを何度もくり返すと、身も心もスッキリ気持ちよくなってきます。あとはお湯に浸かりながら、心地よさを与えてくれた温泉、そして地球に深く深く感謝をします。

ただ、そうすると長湯になりがちなので、身体の負担を避けるためにも、お湯に浸かるのは心臓より下までと決めています。これなら、長い時間お湯に入っていても疲れることはありません。

●最近ちょっと疲れている
●プラスのエネルギーが不足している
●イライラや不満がたまり気味

そんなときは、ぜひ地球の恵みをたっぷり取り入れることができる、天然温泉に浸かることをオススメします。プラスのエネルギーがしっかり充電されて、「運の貯金」がどんどん貯まっていきますよ。

POINT

天然温泉に浸かって、地球の恵みをたっぷり取り入れる

第5章

人運を味方にする

人運とは、人や生きもの、
広く人がつくり出したものなどから受ける
エネルギーのことです。
人運については、たくさん書くことはあるのですが、
ここでは2つに絞って書くことにしますね。

プラス貯金を効率よく貯める

人がつくり出したもののなかで、近年、私たちの生活を一番変えたものといえば、誰もがインターネットと答えるでしょう。インターネットは便利な存在ですが、実は「運の貯金」を貯めたり、使ったりする上でもとても役に立ちます。

私はブログを通し、読者の方に私が貯めてきた「運の貯金」をおすそ分けするつもりで、日々の記事を書いています。

記事を読んで心を動かされたり、何かをつかんでいただけた読者の方がいたら、その人数分だけ、快（プラス）のエネルギーという形で私に戻ってくる。そのエネルギーは、私のなかでプラスの貯金に変わる。

そして、その貯金を、ブログを通して読者の方に還元する……。

このサイクルで、読者の方と運の貯金（プラスのエネルギー）のやりとりをしているのですね。

ブログだけでなく、フェイスブックやツイッター、インスタグラムなどのＳＮＳでもエネルギーのやりとりは簡単にできます。

「文章を書くのは苦手」「気のきいたことなど書けません」という方でも、たとえばインスタグラムに愛するペットの画像をアップするとか、役に立つサイトのＵＲＬをツイッターに貼るだけでも、それを読んだ人との間で、十分にエネルギーのやりとりができるのです。

フェイスブックで人の投稿をシェアすると、そのシェアを経由して届いた人たちのプラスポイントと、投稿が拡散されて「いいねボタン」を押してくれた人のプラスポイントが貯まります。投稿した人も、シェアされたことで喜んでくれるわけですから、それだけでもいっぱいプラスのエネルギーがたまりますよね。

本当に簡単かつ効率的にプラス貯金が貯まるので、ＳＮＳを使わない手はありませんよ。

POINT

いい投稿はどんどん拡散しよう

応援エネルギーを出す

私はビジネスコンサルティングもしていますので、ネット上でビジネスをされている起業家さんと、ご縁をいただくことが多くあります。

そういう方とお話をしているときに、「この方は早い段階で成功されるだろうな～」というのは、だいたいわかります。

直感もありますが、ある共通点が存在するんですね。

その一つが、「応援上手」であるということ。

自分と同業の人であっても、がんばっている仲間や友人の応援をブログやフェイスブックでさかんにしたり、イベントなども一生懸命応援されているのですね。

そういう人は、プラスのエネルギーにあふれていますから、プラス貯金もどんどん貯まります。そして、それを他人のために惜しみなく使う。

エネルギーをもらったほうも、今度は自分が応援してあげようと、その人にどんどんプラス貯金を使う。このように、ビジネスにおいても好循環が生まれてくるわけです。「応援上手」は「応援され上手」でもあるのですね。

何かを応援するという行為は、プラス貯金をどんどん使う行為です。

だから、友人や仲間を応援したり、ひいきのアイドルやスポーツチームを応援するというのは、プラスのエネルギーを呼び込む上でも、とてもいいことなんです。

そして、アイドルのコンサートやスポーツ観戦に行くと、現地で何千人何万人もの応援エネルギーを、肌で感じることになります。これほどプラス貯金が貯まる行為もありません。

会場まで行けなくても、テレビやＤＶＤを見ながら応援したり、あるいは心のなかで応援するだけでも、プラスのエネルギーはその場まで届きますし、自分にもちゃんと返ってきますのでご心配なく。

応援するということは、がんばっている人に意識を向ける、ということでもあります。自分の欲しい現実をすでに実現している他人や、素晴らしい結果を出している人たちを応援することによって、その人の波動に触れて、波長が共鳴してくるわけです。

そして、応援する人は、いつか応援される人になるのです。

POINT

応援したい人をつくろう

第6章

時運を味方にする

変化、成長のタイミングを知る

魂からのサインは「ふとした感覚」で自分に伝わってきます。

同じ人に接していたとしても、また同じ場面に立ち会っていたとしても、これまでに感じたことがなかった小さな違和感のようなもの……。そんな小さな小さな兆しが、実は自分の魂の役割、そして自分の使命を知らせてくれているのです。

そしてこの違和感は、プラス預金が貯まってきていることを教えてくれるサインでもあります。魂が成長したがっているときなのです。

たとえば、今まで、

- **大嫌いだった人**
- **受け入れられなかった話**

・悪と思っていたこと
・危険だと思っていたこと
・信じられない！　と思っていたこと
・絶対無理！　と思っていたこと

が、もしかすると……アリなのかな？　って感じる瞬間。

それこそが、あなたを守ってきた過去の価値観を脱ぎ捨てるタイミングです。

そんなサインを、違和感という形で魂が送ってきてくれているわけですから、受け流さず、素直に受け入れてみてください。

それが「時運」、つまり「時の運」「タイミングの運」を味方にする秘訣です。

・あっ、それもアリよね
・もしかして、私今まで勘違いしていたのかも

その違和感を受け入れたとき、あなたの心の器は大きくなります。次のステージに続く扉が開かれるのです。

POINT

違和感を見逃さないようにしよう

変化のサイン

私たちが発するエネルギーには波長があります。

まったくの初対面の相手でも、何かお互いに引き合うものがある。これは波長が引き合っているからで、それが「ご縁」というものなのです。

波長の「合う・合わない」は、人間に限らず、「もの」との間にもあります。洋服やアクセサリーのなかで、「うまく説明できないけど、なんか好き」というものがありますよね。それは、あなたがその洋服やアクセサリーと波長が合っているからなのです。

ただ、前項で述べたような違和感が心に芽生《めば》え、それをきっかけに自分のなかに変化が起きると、波長も大きく変わってきます。

そして波長が変わると、今まで波長が合っていた人やものが、自分から離れていくのです。

- **家や職場の居心地が悪くなってきた**
- **今まで仲の良かった人たちと、ギクシャクしてきた**
- **ものがたびたび失《な》くなる、壊れる**

このようなことがくり返し起こるときは、波長が大きく変わったときです。とくに電化製品が壊れると聞きます。波長の影響を受けやすいからかもしれません。

こういうとき大切なのは、自分が変化していることに気づくこと。「あ、私の波長は変わってきているんだな」と認めて、変化に抵抗しないことです。

そして、離れていきそうな人、失くしたものに、執着しないことです。

同時に、変化のときは新しいご縁もできます。今まであまり話したことがなかった人から急に食事に誘われたり、関心がなかったジャンルのイベントが気になり始めたら、迷わず参加してみてください。
今まで気づかなかった発見があったり、新しいご縁や次のステージに必要な情報が入ってきますからね。

POINT

波長の変化に抵抗しない

運が舞い込むタイミングを逃さない

私がプライベートで旅行に行くときは、スケジュールをまったくたてません。

仕事で出張するときも、予定こそたてますが、必要最小限に留め、新幹線やホテルの予約もしないことが多いです。そのときの気分で、日帰りにしたり、泊まることにしたり、ということが結構あるからです。

そのときになってみないと、何をしたいか、どんな楽しいことが起きるか、なんてことはわからないですよね。

そしてチャンスって、前触れなく急に訪れるのですね。

こうした突然の事態にそなえたり、そのときの気分を優先するために、あえて予定をたてないようにしているわけです。

くり返しますが、私たちのエネルギーは、日々変わっています。

そして、自分のなかにプラス貯金が貯まっていると、それが「ふとした思いつき」

のようなかたちをとって、魂が知らせてくれることがあるんですね。そのプラス貯金を使って「思いつき」を実行に移すためにも、できるだけ予定を組まないよう過ごしているわけです。

スケジュールを事前にみっちりたてて予定通りに動いていると、プラス預金が貯まっていることをキャッチする五感のアンテナが鈍ってきます。こういう「頭」を優先した生き方をしていると、プラス貯金は貯まりにくいのですね。リスクを負ったり、ミスを冒《おか》すことは少なくなるかもしれませんが、宇宙からの運は受け取りにくくなるのです。

「旅行は分刻みでスケジュールを組む」という方、できる範囲で、日程に余白をもたせるようにしてみてはいかがでしょうか。きっと、幸運が飛び込んできますよ。

POINT

ときには行き当たりばったりの旅をしてみる

第7章

金運を味方にする

多くの人が関心を持つ「金運」は、
運のなかでもっともアップしやすいと私は思っています。
というのも、数字で測ることができるので実感しやすく、
変化がわかりやすいからですね。
この章では、その金運をアップさせる方法について、
いくつかお話しします。

循環するお金の使い方

エネルギーの法則で見ると、マイナスの意識でお金を使うと「減るお金」となり、プラスの意識でお金を使うと「増えるお金」となります。

マイナスの意識で使うお金とは、たとえば、

- **安いし、そのうち使うかもしれないから、今買っておこう**
- **欲しがっているのに買ってあげないと子どもが可哀想だから**
- **みんな持っているから**
- **買っておかないと大変なことになりそうだから**
- **ケチとか貧乏とか思われたくないから**
- **将来困らないように**

など、心A（61ページ）にある「○○がない」という記憶に基づく不安を解消するための使い方です。誰にも心あたりのある使い方だと思いますが、こうした使い方を

くり返すと、「ない」の記憶が強化されていくばかりなのですね。「○○がない」の記憶が、プラスの貯金を増やすことの邪魔になることは、すでにお話ししましたね。

また、家賃や光熱費、食費、税金、年金、車のローン、携帯電話の通話料……など、生活する上で必要な支払いも、「もったいない」「できれば払いたくない」「あ〜また払わなきゃならないのか」など、「ないないずくめ」の気持ちで出していると、やはりプラスの貯金は増えていきません。

そういう出費についても、

- お金と、私に必要なもの・私の欲しいものを交換している
- おかげで無事に生きている。本当にありがたい

というように、喜びや感謝などのプラスの意識に変え、「ない」の言葉を使わないだけでも、プラスの貯金が増えていきます。そのプラスの貯金が、本物のお金となっ

てあなたに入ってくるなどして、「循環するお金」になっていくのですね。

私の講座に通っている方のなかにも、
「税金を気持ちよく支払ったら、数日後に同じ額の臨時収入が入ってきました！」
「未納になっていた税金（年金、国保を含め）をまとめて支払ったら、同等額の臨時収入が入った上に、収入も上がってきました！」
といった人が結構いらっしゃいます。

お金を払うと、お金が出ていったことばかりに目が向いて、「（お金が）ない」「なくなった」と思いがちです。

でも、払ったそのお金によって、欲しいものを手に入れている、必要なものを手に入れているという「ある」「あった」を見るようにしてください。

運もお金も同じです。まず「ある」「あった」ということをしっかり認めることが大切なのです。

そうすると、頭や心に「お金がない」という勘違いが上がってくることが少なくなりますから、現実に「お金がない」という状況を引き起こすこともなくなってきます。

家賃や税金はいずれ支払わなければならないものです。同じ払うなら、プラスの意識で払ったほうが、金運は上がります。ただ意識を変えるだけのことなので、とにかくだまされたと思って、試してみてくださいね。

POINT

お金を払うときは気持ちよく

欲しいものを買う

金運アップ法のなかでも効果の高いのが、

本当に欲しいものを買う

こと。

実践した方に話を伺うと、

○今までいつも給料前にお金がなくなっていたのに、残るようになった
○「ずっと欲しかったものを買おう！」と決めたら、タイミングよく人からそれをいただいた
○買い物に行ったら、欲しいものがちょうどセールとなっていて、かなり安く手に入っ

た

このようなことが実際に起きたほか、臨時収入が入ってきたり、やがて実際に収入が上がったり……と金運が徐々に上がっていったというお話も聞きました。

逆に、金運を下げるのは、次のようなお金の使い方です。

×安いからとまとめ買いした食品を冷蔵庫のなかで腐らせてしまう
×欲しかった服が高かったので、似た柄で安い服を買った。結局着ていない
×引き出しのなかに、使っていない安物のアクセサリーがたくさんある
×TVショッピングで買った家電、美容器具、調理機器などがある。どれも結局1、2回使っただけで、押し入れにしまってある

これらの多くは、「お金がない」「欲しいものが手に入らない」「必要なものが手に入らない」という思いを、心Aのなかにいつも抱いている人がよくする無意識的行動です。いわゆる衝動買いですね。

たびたび衝動買いをしてしまう人は、心Aのなかの「お金がない」を、現実の状態としてつくり出しているのですね。これでは、その状態を、いつまでたっても解消することはできません。


そういう人は、衝動買いしそうになったとき、「それは本当に自分の欲しいものなのか？」と心に問いかけてみてください。

「うん、やっぱり欲しい。心から欲しいと思っている」

ということが腑《ふ》に落ちて初めて、買うようにしてください。


こうして「心から欲しいものを買う」という体験を積み重ねていけば、心Aのなかの「お金がない」を「欲しいものが手に入る」という思いに書きかえることができます。

「ない」から「ある」にイメージが変わると、起こる現実も「ある」に変わっていきます。

そして、「心から欲しいもの」は、あなたをワクワクさせます。ワクワクした気持ちは、言うまでもなくプラス貯金を増やしていきます。こうして、運がいいサイクルで回り始めるんですね。

ここで、「プラス貯金を増やす3箇条」をまとめてみました。

買い物をするときは、いつも思い出すようにしてみてください。

一、今、手に取ったものは、「本当に欲しいのか?」「何に必要なのか?」をしっかり考える

二、今、必要ではないもの、欲しくないものは安くても買わない

三、本当に欲しいものだったら、値段を気にせず買う!(足りない場合は、お金を貯めてから買う)

習慣というのはかなり強いものなので、最初のうちは、値段を気にせず買うことに罪悪感や不安感を抱くこともあるかと思います。

そのときは、「ずっと欲しいと思っていた。その念願がようやく叶った」という喜び・ありがたさに心を向けてみてくださいね。

POINT

買う前に、「本当に欲しいもの」なのか、自分に問いかける

宝くじ妄想法

「脳は簡単にだまされる」という話を聞いたことはないでしょうか？

脳科学の実験で、被験者にお湯がぐらぐら沸いているのを見せた後、目隠しして冷たい水をかけたら「熱い！」と叫んだそうです。そればかりか、実際に皮膚が赤くなって、やけどの症状が出た人もいたといいます。

その、いわば科学的に証明されている手法を使った、とても効果の高い開運方法を紹介しましょう。

①宝くじを買います。1枚でもかまいません
②1等（たとえば10億円）が当たったら、何を買うか、どんなことをするかを決める
③欲しいものを手に入れた自分、手に入れたらどんな自分になっているかを、毎晩寝

る前に妄想《もうそう》する

これを単なる妄想と決めつけてはいけません。……**くじに当せんしなくても、当せんしたときに手に入れる予定だったものを引き寄せ始めるのです。**

私がまだ潜在意識や脳のしくみのことなどをまったく知らなかったときに、偶然その方法を使ってマンションを手に入れたことがあります。

当時の私は仕事をころころ変えて収入が不安定でした。通りすがりに目にして一目惚《ぼ》れしたマンションがあったものの、住宅ローンを組むことができませんでした。

そんな折、ふとした気持ちで宝くじを10枚買いました。それから抽せん日まで、

1等が当たったら、家を買う！
広い庭で家庭菜園をして、猫が日向ぼっこできる場所をつくる！
カーテンはこんな感じで家具はこんな感じで……。

などと妄想を繰り広げ始めたのです。

……ですが、そううまくはいきません。宝くじは見事に外れ、私はそのマンションのこともすっかり忘れて、雑事に追われる日々を過ごしました。

ところが、**潜在意識は覚えていたんですね**！

数年後のことです。

当時お店を経営していた私は、店の近くに引っ越そうと、物件を探していました。すると、あの、欲しいと思っていたマンションがお手頃価格で売りに出されていたのです。

しかも、その頃には私も住宅ローンが組める状況になっていて、すんなり手に入りました。

通りすがりに一目惚れしたマンションが、このようなかたちで手に入ったのです！

この名づけて「宝くじ妄想法」は、後に潜在意識や脳のしくみを勉強するようになってから、とっても効果的な、願望実現法であることがわかりました。

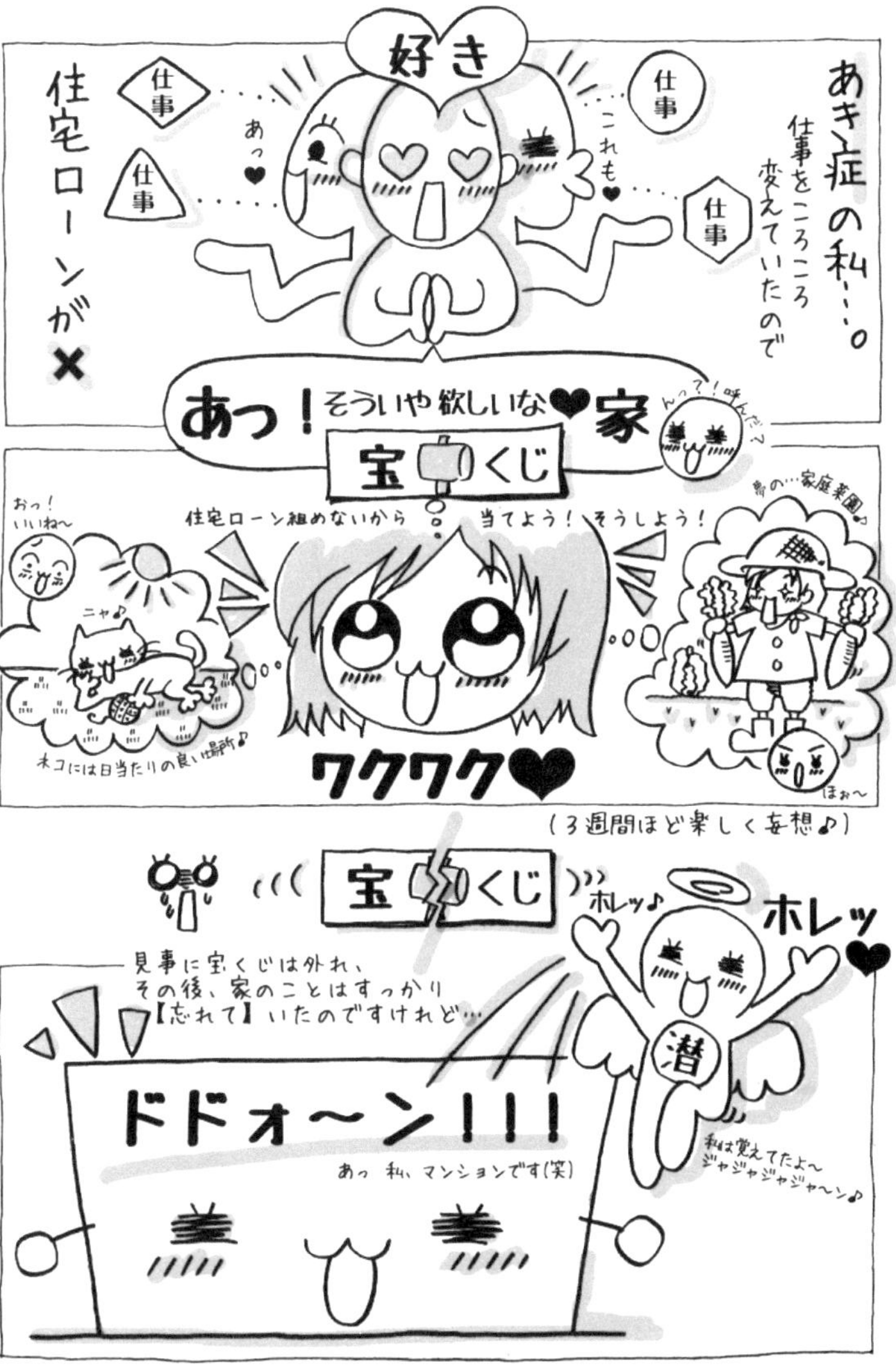
好き
あき症の私…。
仕事をころころ変えていたので
仕事
仕事
あっ♥
これも♥
仕事
仕事
住宅ローンが×
あっ！そういや欲しいな♥家
んっ？！呼んだ？
宝くじ
住宅ローン組めないから
当てよう！そうしよう！
夢の…家庭菜園♪
ほぉ〜
おっ！いいね〜
ニャ♪
ネコには日当たりの良い場所♪
ワクワク♥
（3週間ほど楽しく妄想♪）
宝くじ
ホレッ♪
ホレッ♥
見事に宝くじは外れ、
その後、家のことはすっかり
【忘れて】いたのですけれど…
潜
ドドォ〜ン!!!
あっ 私、マンションです(笑)
私は覚えてたよ〜
ジャジャジャジャ〜ン♪

イラスト・田村奈美

心のなかで「手に入れる＝ある」ということをしっかりイメージできれば、効果的というより、現実的な願望実現法ともいえますね。

コツは、一定期間、

●自分はこうありたいという未来を決め、それを常にイメージし続ける
●宝くじが当たったら買おうと思っているもののなかから、その未来を実現する上で本当に必要だと思うものを1つに絞る
●それを手に入れた瞬間、どんな気持ちになるか？　どんな表情をしているか？　をイメージし続ける
●手に入れた後、どんな生活をして、どんな自分になっているか？　をイメージし続ける

ことです。

妄想を楽しむのは、宝くじの抽せん日まで。外れても落ち込まないでください。確率からいって、外れて当然です。それでも、妄想を続けたおかげで、心Aには「欲しいものが手に入っている＝ある」の記憶がしっかりと定着しているはずです。

その「ある」の記憶が、「ない」の記憶に取って代わり、プラスの貯金がどんどん増えていくことになるのです。

このとき大事なのは、自分に起きつつある変化におびえたり、抵抗をしたりしないこと。

現在の状況と、欲しいものが手に入った後の状況とのギャップが大きければ大きいほど、大きな変化が必要になります。

その変化は、あなたの未来を良い方向へと変えるのに必要な変化ですので、「良い方向に向かってる、向かってる」とワクワクしながら、その状況を味わってくださいね。

POINT

宝くじを1枚買って、毎日ワクワク想像してみよう

寄付や募金をする

たくさんの成功者の方と関わるなかで、群を抜いて収入が高い状態を長期的に保っている方のお話を伺うと、ほぼ例外なく、ボランティア活動や定期的に寄付をされているという共通点がありました。

そして、その「寄付の仕方」にも共通点があったのです。

寄付先に対して、「可哀想だからする」という意識ではなく、「自分ができる範囲で応援したい」という使命感のようなものがありました。その上、寄付できることへの感謝の気持ちをお持ちになっているのですね。

私がセミナーなどで、寄付について話をすると、

「寄付って、困っている状況の方にするわけですよね。それなのに、自分の運が上がる、などの下心をもってするのは、モラル的にどうかと思うのです」

と、おっしゃる方がいます。

その気持ち、私もよ〜くわかります。

ただそこは、人間界のルールと宇宙のルールの違い。

下心とかモラルとかに関係なく、単純に、マイナスの意識をもつエネルギーはマイナスの現実となり、プラスの意識を持つエネルギーはプラスの現実となるわけです。

- **寄付した先の誰かの幸せを祈って（使命感）**
- **応援できる自分の状況に感謝の気持ちを抱き（感謝）**
- **喜んで、気持ちよく出す（喜び）**

など、プラスの意識で出したお金は、「誰かが幸せになる」「笑顔になる」など感謝や喜び（プラス）をもたらし、それはまたプラスのエネルギーとなって自分に返ってくるのです。

それに加えて、少しでも誰かのお役に立てたことへの喜びや良いことをしたという気持ちは、自分に自信ももたらします。

私は過去にチャリティー講演会を二度行ない、ブログでも寄付を募《つの》ったことがあるのですが、その後寄付をされた人たちから、臨時収入などのご報告をたくさんいただきました。

街頭やネットなどで募金や寄付のお知らせを見かけたら、自分のできる範囲で迷わず気持ちよくやってみてくださいね。

POINT

下心があってもかまわない。できる範囲で寄付をしよう

豊かな人の波動を受ける

宇宙に存在するすべてのものは、エネルギーを発し、振動しています。

音も光も、そして意識も振動していて、その振動を変えることで違う「もの」に変化します。

エネルギーの法則では、ある「もの」を振動させると、他の「もの」も共鳴共振して、同じように振動しようとする性質があります。なので、自分が接する振動しだいで、自分の意識も変わってくるということにもなりますね。

それは「豊かさ」や「運の良さ」といったことについても同じです。豊かな人、運のいい人と関われば、その意識の振動に共鳴共振し、自分も同じようなプラスの波長になってくるということです。

ただ、そのプラスの波長を最大限受け取る上で、注意したいことがあります。それは、

嫉妬（マイナス）をしないこと。もし、嫉妬しているなら、それを憧《あこが》れ（プラス）に変える

ことです。

〈私には無理〉が根底にあると嫉妬になり、〈私もそうなりたい・そうありたい〉〈自分にもできる〉が根底にあると憧れになります。

嫉妬は結構強いマイナスエネルギーですので、せっかくプラスに触れて一時的に同調しても、すぐに元に戻ってしまいます。

もちろん、嫉妬を行動の原動力にするという人もいますが、結果が出るまでには時間がかかります。単純に「プラスのエネルギーと同調する」ほうが効率よく、簡単に自分の意識も変わるのです。

「あの人たちと私は違う」「私には無理」……。そう思って自分からマイナスエネルギー

を出さないようにするには、一時的ではなくひんぱんに、豊かな人たちと関わる、豊かな人たちがいる環境に身をおくことが大切です。

具体的には、

- **豊かな人が主催するパーティーや交流会、お茶会に参加する**
- **豊かな人の講演会、出版記念のサイン会に参加する**
- **豊かな人のSNS、ブログ、本などで、考え、在り方に触れる**
- **豊かな人が集まるラグジュアリーなレストラン、ラウンジに行く**

こうしたことをくり返すうちに、「私にもできそう」「私もその世界に行く！」と思えるようになってきたら、必要な情報やご縁を自然にキャッチできるようになります。

それまでは意識的にそうすることが大切ですね。

POINT

豊かな人が集まる環境に身をおく

収入が上がる機会をつかまえる

お勤めをされている方なら、「今より収入を上げたい」「ボーナスがたくさん欲しい」と願っていることでしょう。

お金というのは、「欲しいもの」「必要なもの」に対して出す（払う）ものです。実際多くの方が、その「欲しいもの」「必要なもの」の価値と同等のお金を出して、手に入れているわけです。

エネルギーの法則では、出したもの・与えたものと、同等のエネルギーが返ってきます。

そのしくみから考えると、今の収入を上げたいと考えているなら、

・いただくお給料以上の「価値」を相手が感じる仕事をする

●顧客や取引先に、プラスのエネルギーを出す・与える

ことになります。

自分のエネルギー（労力）と交換して、お金をいただいているのですから、お給料を支払う側が「お給料以上の仕事をしてくれた」と感じる場合や、顧客や取引先が「支払う代金以上の価値がある」と感じる場合は、「以上」の部分が「運の貯金」になっているわけです。

この「運の貯金」が貯まってくるのを感じるようになったら、心のなかで「収入がアップした自分」を受け入れます。

受け入れた後は、「自分の働きに応じた収入を得る」と決めていくと、収入が上がる機会が訪れます。

その機会とは、次のようなものです。

・今より収入が上がる地位を任される機会が巡ってくる
・功績が認められ基本給が上がる
・好条件でヘッドハンティングがかかる
・他の仕事への興味が湧いて転職したい、副業を始めたいなどの衝動が起こる
・独立の機会が訪れて、独立後は収入が大幅にアップする
・辞職願を出したら、お給料をアップするからと、引き留められる

その機会を得るには、

・「私の能力や状況では収入が上がらない」という思い込みを捨てる
・労力を出し惜しみせず、今与えられている仕事を一生懸命こなす
・自分の願望を明確にする

そうすることで、その機会はめぐってきますからね。その機会が訪れたら、決して逃しちゃダメですよ。

POINT

「収入がアップした自分」を心のなかで何度も受け入れる

トイレをきれいにする

私は以前、不動産関係の仕事をしていました。また今経営している会社には、内装業の部門があることもあって、引っ越しで退居された後のお宅を拝見する機会が結構あります。

高級マンションにお住まいの人は、トイレだけではなく、洗面所やキッチンもきれいにして、出て行かれることがとても多いです。

その一方で、借金が払えなくなって差し押さえられた、いわゆる競売物件を見ることもたびたびあるのですが、びっくりするくらいトイレが汚いことが多いのです。

両者を見比べると、トイレ掃除とお金の流れは密接に関係していると思わざるをえません。

トイレは排泄《はいせつ》という行為をともなう場所なので、マイナスエネルギーがたまりやすいのは事実ですが、そういう場所も心がけ一つでプラスエネルギーに満ちた場所に変えることができるんですね。

プラスエネルギーに満ちた場所に身をおくと、それが自分に入ってきて、さらに自分でもプラスエネルギーを出すようになることは、ご理解いただけると思います。

トイレや洗面所、台所、浴室は、私たちの源である水（場）に関係する場所です。きれいにしておくことを心がけましょう。

POINT

トイレをプラスのエネルギーに満ちた場所に変える

借金、ローン、カード決済はマイナスなのか？

「借金は、宇宙の法則で見ると、マイナス貯金になりますよね？」

というご質問を、かなり多くの方からいただきます。

お金を借りると、家計のバランスシートはマイナスになりますが、宇宙の法則では、数字上のプラスマイナスは関係ありません。お金を借りる際の意識のエネルギーがプラスかマイナスか、が重要なのですね。

「お金を借りたことで助かった」「ありがたい」という感謝、喜びなど快の意識があればプラスに、逆に借りたことを気に病むあまり、不安、情けなさ、罪悪感、後悔など不快な意識があれば、マイナスとなります。

また、その場合、お金を貸す側の意識も重要です。貸す側に、同情・哀れみ・怒りなど不快な意識があれば、お金のやりとりがマイナスエネルギーに満ちたものになります。貸す側に「ちゃんと返してくれるだろうか？」という不安がつきまとう場合も同じです。

なので、お金を借りたとしたら、相手の不安をとり除くためにも、返済の期日はしっかり守り、借りたことへのありがたさを意識するようにしてください。

カードで買い物をすると、罪悪感を覚えるという人も多くいます。罪悪感は言うまでもなくマイナスエネルギーです。これでは、欲しいものを買っても、意識のエネルギーはプラスにはなりません。

●カードのおかげで、ずっと欲しかった○○が手に入った♪
●私の支払う利子が、誰かのお給料になっているんだわ♪

と思えば、プラスの（豊かさを生み出す）借金に早変わりです。

お金を借りるにせよ、カードで支払うにせよ、不安な気持ちにならなくていいんですよ。

思いを現実化するには、頭↓心↓魂の順に満場一致で許可が必要でしたよね。

つまり、お金を借りることができたのも、頭↓心↓魂の順に「その役割を果たせる（返済できる）」という判断をしたからなのです。

ですので、自分の返せる分しか借りることはできないのでご安心ください。


お金を貸してもらったおかげで欲しいものが手に入った喜びを感じ、貸してくれた相手に「ありがとう」というプラスのエネルギーを送り返すことができれば、プラスのエネルギーが循環して「運の貯金」が貯まっていきます。それを効果的に使えるようになれば、あなたもお金を借りなくてすむようになりますよ。

POINT

お金を借りたら、罪悪感より感謝の気持ちを抱く

第8章

運気を変える

「毎日何か面白くない」
「朝起きて会社に行くのがめんどうくさい」
「あの人とまた顔を合わせなければならないなんて憂うつ」……。
そんな不満ばかりが心のなかで
渦巻いているときってありますよね。
そういうときは、マイナスエネルギー全開で、
運気もよどんで停滞しています。
ここでは、よどんだ運気を変える方法について、
3つお話しします。

いつもと違う選択・行動をする

マイナスエネルギー全開の状況から抜け出して、運気を上昇させる方法はというと、

無理矢理にいつもと違う選択をする

これに尽きます。

運気が停滞しているときは、現状が変化していくことに対する抵抗心が心のどこかに潜んでいます。この抵抗心はかなりのガンコ者で、あなたが何か行動を起こそうとすると、背中を引っ張って邪魔をするんですね。

そんなガンコ者を封じ込めるには、自分が選びがちなものを意識的に避け、選びそうにないもの・まったく新しいものを選ぶようにするのです。

たとえば、ふだん着ない色の洋服を選ぶとか、いつもとは違うお店でランチすると

か、外側の簡単なところを変えるだけで、固くなっていた気持ちがしだいにほぐれてきます。

こうして、変化しても怖くない・問題ない、今より快適になるということを、頭でまず実感する。そのことで、変化への抵抗がゆるくなり、さらには変化することが楽しみにすらなってくるのです。

洋服やランチのお店を変えることの他にも、

- **髪形や髪の色をガラッと変えてみる**
- **メイクの色を変える**
- **ファッションのスタイルを変える**
- **通勤の電車の時間、交通手段を変える**
- **いつもと違う道を通る**
- **長い間連絡を取っていない友人に、コンタクトをとる**
- **クローゼットやタンスの奥にしまったままの思い出の品を捨てる**

●利き手でない手で、ものを掴《つか》んでみる

……など、ちょっとした選択の変化はいくつも挙げられます。

変化は、「運の貯金」を増やす大きなチャンス。1日に一つは新しいことにチャレンジしてみてくださいね。

POINT

たまには、利き手でない手でものを掴んでみる

自分のタブーにチャレンジする

クライアントや受講生の方に出している課題の一つに、「ダメをやってみる」というものがあります。

これは文字通り、自分が「ダメ」と思ってきた行為をやってみること。

たとえば、

- **「怒られる」と思うこと**
- **「嫌われる」と思うこと**
- **「恥をかく」と思うこと**
- **「常識がない」と思われそうなこと**
- **「失敗しそうな」こと**
- **「できない」と思うこと**

などです。

ふだん私たちは、自分でつくり出した安全に生き抜くためのルールのなかで生きています。

そのルールにないことをやったり、ルールを破ったりすれば、無意識レベルで「恐ろしいことが起こる」と勘違いしているのですね。

でも実際にやってみるとわかりますが、他人に迷惑をかけたり、命の危険を感じるようなことでなければ、周囲のあなたに対する見方にほとんど変化はありません。

それどころか、「あの人、こんな意外なところがあるんだ」とか、「生真面目な人と思っていたけど、話がわかりそう」など、あなたの新しい一面に気づいてもらうことにもなるんですね。

実際、この課題をやってみたクライアントの方からは、

◯逆に、喜んでもらえました
◯笑って許してくれました
◯距離が縮まり、仲良くなりました
◯逆に、うまくいきました
◯人生が変わりました！

という答えが返ってきています。

自分のなかにルールをつくることは、自分の生き方の土台をつくる上では役に立ちますが、行きすぎると自分を縛るものにもなりかねません。

そうならないためにも、小さなルール破りはひんぱんに行なって、どんどん自分の殻を破るように心がけてください。

POINT

マイ・ルールは積極的に破ろう

面倒と感じることのなかに運が眠っている

「面倒だな」と感じることって、日々たくさんありますよね。

する必要があることはよくわかっているのだけれど、無意識レベルで抵抗しているときに表れるのが、この「面倒」という思い。

でも、その面倒なことがすんなりできたら、

○時間にゆとりができる
○自分が楽になる
○快適な空間になる
○健康になる
○キレイになる

○誰かが喜んでくれる
○自分が成長する
○お金持ちになる

などといったことが起きます。ずらっと並べてみると、いいことずくめですよね。

面倒なことって、多くは人生をよりよくするためのものです。
なのになぜ、無意識で抵抗が起こり、すんなりできないのか？
それは、私たちが本能レベルで「変わりたくない」と感じているからです。

今までその状態で生きてきたわけですから、「今の状態が一番安全」という思いがあります。それなのに、なぜ変えなければならないのか、変わってしまうと生きていけなくなるのではないかという気持ちからくる葛藤《かっとう》が、心の奥底で湧いているのです。
この葛藤（私は「恐怖の勘違い」と呼んでいます）が、「面倒」とか「不安」という感覚を呼び起こすのですね。

そんなときに大切なのは、

「面倒でやりたくない自分」「先延ばしにする自分」を責めないことです。

葛藤の最中は、ほんの何十年しか使っていない自分の頭VS太古より続いてきた人間の本能の闘いになるわけですから、そう簡単には本能に勝つことはできません。「しない」「先延ばしにする」は、起こって当然のことなのです。

だから自分を責めたり、情けなくなったり、焦ったりする必要はまったくありません。焦るとエネルギーを消耗するので、余計に行動を起こせなくなります。まずは罪悪感をなくすことが、とっても重要なのですね。

ただ、面倒なことをそのまま放置していると、プラスの貯金はいつまで経っても貯まりません。ウジウジと悩んでいる間に、どんどん貯金を減らすことになってしまいます。

そこで、面倒なことがあるときは、

1.それは、本当にやらなければならないこと、片付けなければいけないことなのか？

2.もし、そうだとしたら、簡単に効率的にできる方法はあるか？

の2点に絞って解決策を考えてみてください。

よくよく考えたら、「常識だからやろう」「みんながやっているからやろう」ということが結構あるんですね。それだったら、あえてする必要はありません。やるだけ、ムダなエネルギーを使うことにもなりかねないからです。

また、やらなければならないとしても、他人に頼んだほうがはるかに速くかつ効率的にやってくれたり、またプロの業者に頼んだほうが結果的に安くすむこともあるわけです。

実は私もかつては面倒なことはなるべく避けたい、先延ばししたい、ということばかり考えていました。

なかでも――身もふたもない話ですが――仕事が一番面倒でした。いかに短時間のうちに自由なスタイルで働いて、高収入を得ることができるか？　をずっと考えていたのです。

実は、そのとき考えていたことが、今の仕事のベースになっているんですね。面倒なことをいかに効率的にこなせるかの実践なのです。

このように面倒なことには、ビジネスや生き方のヒントがたくさん詰まっています。だから焦らず、先の2点に絞って解決法を考えてみてくださいね。

POINT

先延ばしにする自分を責めない

第9章

基礎運力を高める体づくり

プラスのエネルギーは、プラスの状態の体から生まれます。
この本の最後となる第９章では、
プラスのエネルギーを出す体づくりのことをお話ししましょう。

運と抵抗力（免疫力）は密接に関係している

体の抵抗力（免疫力）の状態は、運に大きく影響していると、私は考えます。

私は20代後半に2つの持病が発覚し、その後、経過を見るために、40歳まで3か月に2回定期検診を受けていました（41歳のとき、持病は2つとも完治しました）。検診の結果から、あるとき面白いことに気づいたのです。

自分が運の低迷期にいたり、運が低迷する方位（凶方位）に長期滞在（引っ越しも含む）したりするときは、抵抗力（免疫力）を表す数値がガクッと落ち、2つの持病に伴う数値が悪化していたのです。

そこから、運気と免疫力が連動しているという仮説をもっと突っ込んで検証するために、自分だけでなく、他の人の運気と体調との関係も調べてみました。

すると、運の低迷期にいたり、凶方位にある人は、

×虫歯、口内炎、結膜炎、ものもらい、膀胱《ぼうこう》炎になりやすい

×風邪をひきやすい、流行風邪に感染しやすい、治りにくい

×胃腸の不調を抱えている

など、免疫力の低下によって引き起こされる症状が多く見られたのです。

この現象は、次のような流れで起きたものと考えられます。

自分と相性の悪いエネルギーを受ける（地磁気の影響）

←

免疫細胞の働きが弱まり、ホルモンバランスが崩れる

←

体調がすぐれず、やる気が起こらない。集中力が散漫になる

不安が起こりやすく、ものごとを悪いようにとらえる
←
妬み、被害妄想、劣等感、無力感、イライラなど、マイナスの感情が表面化しやすくなる
←
その感情をベースに、話したり行動する
←
今までできていたことができなくなる。ミスや忘れることが増える
←
マイナスのエネルギーが現実化される結果（不運）

そういう人がいる一方で、運の低迷期や凶方位にあってもほぼ何の問題も起こらない（外側の気の影響を受けにくい）人もいるんですね。そういう人たちについても調べてみたところ、

◯もともと風邪をひきにくい。高熱を出したこともない

〇子どもの頃のおやつは、煮干しやサツマイモなどが多かった
〇適度な運動を継続的にしている
〇バランスのいい食生活を続けている
〇ストレスが少ない環境で過ごしている
〇人生を楽しんでいる

など、長期にわたって免疫力を高める習慣を持っている人が多かったのです。

ここからわかることは、

・免疫力（抵抗力）を高めることによって、運の低迷期は最小限に抑えられる
・良い運気のときは、その習慣によって、さらに運気を上げることができる

ということです。

さらにくわしくその人たちの食生活を調べていくと、生姜《しょうが》やヨーグルトを多くとっていることがわかりました。それらは実際、免疫力を高めるといわれています。免疫力と運気が関係していることを考えれば、生姜もヨーグルトも開運食材ということになりますね。

そこで、私もこれら開運食材を積極的にとると同時に、これらを使った料理のレシピ（私は「開運レシピ」と呼んでいます）をブログで公開しました。実際につくってみた人からは、「風邪をひきにくくなった」「良いことが続くようになった」という報告をたくさんいただきました。

POINT

免疫力を高めると、運の低迷期から早く抜け出せる

冷え取りで免疫力と開運力UP

運気と免疫力に関係があることがわかってから、私は積極的に腸の冷え取りをするようになりました。腸を温めることで体の免疫力が上がることは、最近よくメディアでも取り上げられていますよね。

お風呂は、体温より2度くらい高めのお湯に最低20分以上入るといいと聞いたので、私は毎日20〜30分ほど入るようにしています。

また冬場は、靴下を4枚重ね履きしたり、腹巻、レッグウォーマーなども身に着けています。これで運気が上がると思えば、着ぶくれするのはガマンしています（笑）。

ちなみに、冷え取りについて教えてくれたのは、私の講座の受講生の勝見美智子さんですが、「不労所得の女王」といわれるくらい、臨時収入を引き寄せまくっています。

「運の貯金」を意識的にするようになってから、ずっと塩漬けにしていた株が急に上がったり、誕生日に母親がいきなり50万円くれたりなど、半年ほどで不労所得は

250万円ほど、そして卒業後カウンセラー活動を開始し、たった3か月で収入は400万円を軽く超えたといいます。さらに、ご主人様も出世され、過去最高額のボーナスが支給されたそうです。

きっと、基礎運力（免疫力）がついていたので、「運の貯金」がたくさん貯まっていたんですね。「受け取る」という決意をしたら、どんどん入ってきているそうです。

POINT

冷え取りで臨時収入を引き寄せまくり

もっとも効果のある開運術は？

「テレビや雑誌などで紹介される開運術のなかで、一番効果が高いのはどれですか？」

というご質問をよくいただきます。

たくさん出回っている開運術のすべてを試すことはできないので、できれば効果が高いものから実践したいという気持ち、よくわかります。


ただ私としては、どの方法というより意識の持ち方しだいだと思っています。

たとえば、パワースポットについてですが、

「○○神社に行くと、金運がアップするらしい♪」

と、いいことが起こる前提（心）でワクワクしていたら、頭・心A・魂の一致で、プラス貯金が使われるわけですね。

つまり、どのような開運術も、「プラスの意識」が効果を高めるわけです。

- **自分が楽しみながら、ワクワクしながら、気持ちよくできる**
- **運の力を感じたり、運が訪れることを信じて実践できる**

そんな開運術を試してみることをオススメします。

逆に、試してみてストレスを感じたり、疑いの気持ちが湧いてきたりするようなら、自分にとって効果が得られにくいということにもなります。

「楽しめない」「苦痛を感じる」「不安になる」ことを無理にする必要はまったくないのですね。

→ここ、とっても重要。

宇宙の法則や開運術を学んでいる人のなかには、

×家はキレイにしておかなくちゃいけない

×運動しなくちゃいけない

×添加物をとっちゃいけない
×人の時間を奪っちゃいけない
×奉仕しなくちゃいけない
×愚痴を言っちゃいけない
×怒っちゃいけない
×人を嫌っちゃいけない
×嫉妬しちゃいけない
×人のせいにしちゃいけない
×自分を卑下しちゃいけない
×人の気分を害しちゃいけない

と、「〜しちゃいけない」でがんじがらめになっている人が結構います。そういう気持ちでいると、マイナスエネルギーを出し続けることになるので、自分に返ってくるのも、マイナスエネルギーばかりです。

私もたくさんの開運術を実践検証し、ブログなどで発信していますが、毎日すべてを行なっているわけではありません。

ふだんは、気分や状況に応じ、自分が楽しめること、ストレスがかからないことを選んで実践しています。

あなたも自分が**楽しめて、ワクワクできて、ストレスを感じない開運術をしてくださいね。**

POINT

開運術は楽しんでできるものを

おわりに

最後までお読みいただき、ありがとうございます。

ここまでのお話で、ささやかながら、皆さまの運が良くなるお手伝いができたのではないかと思っています。

私は本書を通して、「自分が出したものが、結局、自分に返ってくる」ということに代表される「宇宙の法則」をお伝えしています。

その都度書くことはしませんでしたが、ここまで読んでこられた方は、宇宙の法則が身についてきたと思います。運を良くするということは、突き詰めていうと、宇宙の法則をしっかりと理解するということなんですね。

ここで、私が主催するセミナーに通って、やはり宇宙の法則を理解したイラストレーターの造船圭子さんに、宇宙の法則を学ぶとどんないいことがあるか、漫画にしてもらったので、ご覧くださいね。

宇宙の法則は、本来
とてもシンプルです。
1+1=2
と同じくらい
シンプル!!
理解できないのは、
今までの思いこみや
常識が邪魔しているのかも。
思いこみ
簡単にわかるわけない
常識
難しいに決まってる
子どものほうがすぐ理解
できるかもしれません。
宇宙の法則
2さい
理解を阻んでいるものが
なくなれば
宇宙の法則
シンプルにスッキリわかります。

宇宙の法則を学んでから願い事がすぐ叶うようになりました。
例①
寝相アートの撮影会を開催してみたい!!
1年ぶりに再会した友人に近況報告のつもりで話すと
やろう
知らなかったけど、企画大好きな人でした。
友人にひっぱってもらいとんとん拍子に話は決まり
場所
料金
チラシ
内容
4か月後実現!! 好きなことをしてお金がもらえました。
HAPPY NEW YEAR!!
例②
オーダーメイドの絵本を販売して、お金が稼げたらいいな。
1週間後、旦那さんの友人の奥さんから、自分の子どもを主人公にした絵本を有料で描いてほしいと頼まれました。
他にもこんなことが
食べたかったものを旦那さんがもらってきた
欲しいものがあって電気屋に行ったら広告の品になっていてお値打ちに買えた
ミシンが欲しいと思っていたら、母からミシン代10万円もらった
失業給付金の申請を思いつき申請したら40万円支給されることになった
願って行動すれば何でも叶う。そのことがわかったので毎日が楽しいです。
お金の不安もなくなりました。
臨時収入は半年で60万円以上です!!

子育てでも不安とプレッシャーがありました。
何かあったら親の責任
子どもの人生
ズッシリ
親は子どもの人生の責任をすべて負わなければいけないと思っていました。
娘は7か月から半年以上体重が増えませんでした。
7,100gでストップ
10
5
0
7か月
さらに運動面の発達も遅く健診でグレーゾーンと言われました。
娘の育つ力を信じたいけど、周囲の言葉に心は揺れました。
発達の遅れが
体重が増えないのは問題ですよ
リハビリしたほうがいいんじゃない？
ご飯をしっかり食べさせましょう
UMIで相談したら、こう教えてもらいました。
娘さんに備わった力に任せるといいですよ。今、一番必要な栄養は親のプラスの愛（信頼・感謝・容認・受容）です。
川相 ルミさん
親は子どもがまだできないことをサポートする。娘の成長は、娘自身の課題
娘と私の人生は別。そのことを理解してから不安がなくなり気持ちがとても楽になりました。
子育てのイライラもほぼなくなりました。
ティッシュ 大散乱
楽しそうで笑ってしまう☺

最後に、運を良くする上で、とても大事なことをお伝えしましょう。

それは、

自分が心地よくいられる

ということ。

とくに、家や自分の部屋は長い時間を過ごすことになるので、心地よい空間にしたいですね。


ちなみに私はふなっしーが大好きなので、家じゅうふなっしーグッズだらけです(笑)。

好きなものに囲まれて暮らしていると、家にいるときはプラスエネルギーを出している状態でいることが多いですね。

室温も大事です。

以前、エコに気をつけていたことがあり、冷暖房はなるべくつけないようにしていたのですが、宇宙の法則を知ってからは、室温を自分の快適温度に保つことを心がけるようになりました。

ほかにも、

- 好きな音楽を流す
- 好きな香りにする
- 好きなお花を飾る
- カーテンやソファ、布団カバーを好きな色にする
- パジャマや下着を肌触りの良いものにする
- 触感の良いクッションにする
- ストレスを感じない生活導線ができるように、家具配置を変える
- 感動・希望・笑いなど、プラスの意識が起こるテレビ番組を見る

などは、簡単にできることです。

職場でも、可能な範囲で心地よい空間や時間をつくってみるのもいいですね。

そして、不快でいる時間を意識的に減らすのはもっと大事なこと。

気を使う、緊張する、我慢する、焦る、不安になる、心配する、同情する、イライラする、痛み・苦痛を感じる……。

このような状況でいることを、無意味に長引かせないことです。

たとえば、私はお店で一人ご飯を食べているとき、お店の雰囲気が自分に合わず、「このままここにいても、気持ちよく食事ができそうにないな」と感じたら、すぐにお店を出ることがあります。また、お腹がいっぱいになったら、心のなかで「ごめんなさい」と言って、お料理を残します。

お願いされても、嫌なことは嫌と言います。

誘われても、気乗りしないことはお断りします。

一緒にいて苦痛を感じる人には、必要以上に関わらないようにしています。

忙しいとき、疲れているときは家事を放棄します。

大きな声では言えませんが、眠くて仕方ないときは、お風呂に入らない日もあります（笑）。

……このように、そのときそのときの自分の感覚や感情、思いをしっかり感じて、できる範囲で不快度が低いほう、もしくは心地よいほうを選択することを心がけていると、そのうち、無意識的に「快を選択する習慣」「不快を減らす選択をする習慣」がついてきます。

そして、自分が心地よさを体感していくことで、他人の快（プラス）もわかるようになってきます。だから有難迷惑なこと、良かれと思ってやったのに相手を不快にさせること、気を使わせることといった、知らず知らずに不快（マイナス）を与えるようことがなくなっていきます。

ただ、人はプラス・マイナス両方あるのが自然な状態なので、不快でいる時間を減らすことに神経質になりすぎるのはよくありません。**無意味にムダにマイナスを感じている部分を減らすことを心がけてください。**

では、あなたの運がどんどん良くなって、ますます輝いていくことをお祈りして、ここに筆をおきます。

ありがとうございました。

平成三十一年　弥生

川相ルミ（かわい るみ）

１９６９年生まれ。開運アドバイザー。㈱ヴィレッジ代表取締役。

十代の頃より、運に強く興味を持ち、以来、運命学の観点から、30年以上、人の運・不運を研究してきた。

２０１０年にブログを開始後、開運アドバイスを本業にし、経験とデータから「ＵＭＩプログラム」というカウンセリング手法を構築。

ＵＭＩ（ユニバーサルマインドインテグレーション）講座は、現在、全国で多くの人が受講するほどの人気講座となり、卒業生は講師やカウンセラーとして活躍している。ＵＭＩと同時期に始めたメールセミナーは登録者が1万３０００人を超え、個人セッション、講座、講演会ともにすぐに満席になる。

■人生を変える!-運の貯め方使い方
https://ameblo.jp/rumikawai/entry-12037261295.html

■運を最大限に引き出す８つの法則
https://ameblo.jp/rumikawai/

すごい幸運《こううん》を呼《よ》び込《こ》む

「運《うん》の貯金《ちょきん》」の貯《た》め方《かた》 使《つか》い方《かた》

2019年3月30日　初版1刷発行

著者　川相《かわい》ルミ

発行者　田邊浩司
発行所　株式会社　光文社
〒112-8011　東京都文京区音羽 1-16-6
電話　編集部 03-5395-8172　書籍販売部 03-5395-8116　業務部 03-5395-8125
メール　non@kobunsha.com
落丁本·乱丁本は業務部へご連絡くだされば、お取り替えいたします。

印刷所　萩原印刷
製本所　榎本製本

ISBN978-4-334-95080-4　Printed in Japan